THOMAS ROTH • SVEN SIMON

FUSSBALL
Weltelf

Die besten Spieler der WM 2010

COPRESS SPORT

TORWART

MITTELFELD

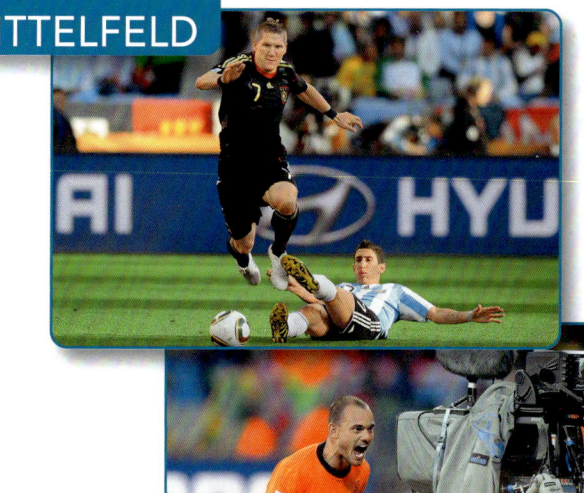

ABWEHR

Zu diesem Buch	6
Der Mann für große Spiele und große Gefühle	8
Ein Torhüter, der keiner ist, und zwei neue Rekorde	14
Arne Friedrich: Vom Saulus zum Paulus	18
Jimi Hendrix mit Tarnkappe	26
Gedränge mit Lahm, Maicon und Sergio Ramos	32
Schweinsteiger und der Fuß Gottes	36
Das tapfere Sneijderlein	44
Mit Iniestas Fitness steigt Spaniens Form	50

INHALT

VERHINDERTE STARS

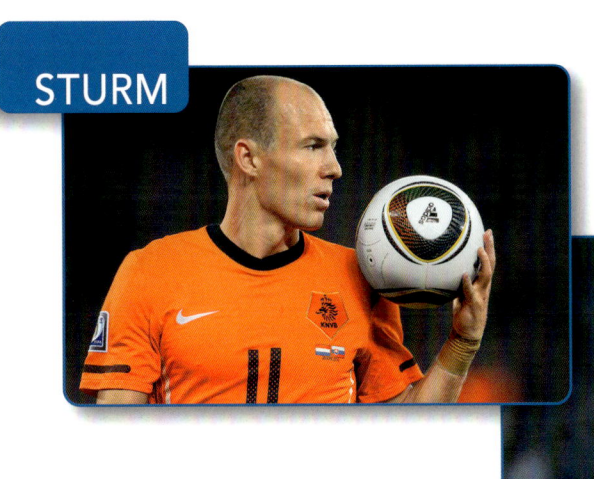

STURM

Der Müller-Beckenbauer-Ballack-Netzer-Overath	56
Diego Forlán, Solotänzer mit sozialer Kompetenz	64
Der Unterschied zwischen Mesut Özil und Kevin-Prince Boateng	72
Arjen Robben, der Unvollendete	78
Die wundersame Auferstehung des Miroslav Klose	84
Wie Dionisio Cuetos David Villas Karriere rettete	92
Luís Fabiano und Suárez: Stürmerstars mit Hand und Fuß	98
Zwei Finalisten enttäuschen bitter – und Cristiano Ronaldo auch	102

VORWORT

Zu diesem Buch

Weltmeisterschaft. Vier Wochen lang kämpften die 736 besten Fußballer dieses Planeten um die Krone ihres Sports. Erstmals in der 1930 eingeführten Veranstaltung trafen sich die 32 teilnehmenden Länder auf dem Schwarzen Kontinent und wurden äußerst warmherzig empfangen. »Die WM ist in Afrika angekommen. Ein Traum ist in Erfüllung gegangen«, äußerte FIFA-Präsident Sepp Blatter vor dem Turnier.

Dem Sommermärchen von 2006 folgte der Wintertraum 2010 auf der anderen Seite des Globus. Für die Mannschaft des DFB stand am Ende erneut der dritte Platz zu Buche. Doch mit welchen Mitteln wurde er diesmal errungen! Noch nie hatte man Deutschland bei einer Weltmeisterschaft so offensiv, spielfreudig und angriffsorientiert erlebt.

Den Spaniern gelang, was in der Historie zuvor überhaupt erst einmal vorgekommen war: Der Europameister von 2008 konnte seinen Titel bei der anschließenden WM bestätigen. Auch wenn das Finale gegen Holland kein Glanzstück war, sondern ein Stück harte Fußball-Arbeit, verdienten die Iberer sich den Triumph mit ihren berühmten verwirrenden Kurzpass-Stafetten.

Uruguay gelang der vierte Rang. Sie waren die letzten im Wettbewerb verbliebenen Südamerikaner, die zwischenzeitlich Europa zu überrennen und eine eindeutige Vorherrschaft zu gewinnen schienen. Doch dann kam alles anders.

Dieses Buch lässt jegliche Landesgrenzen fallen. Es porträtiert nicht die Mannschaft, die taktisch am besten harmonieren würde, sondern die Elf der elf Besten. Als da sind:

Iker Casillas. Der Torhüter mit dem Vier-Finger-Handschuh blieb in allen K.-o.-Spielen ohne Gegentor und stellte damit einen neuen Rekord auf.

Carles Puyol. Er hält normalerweise den spanischen Künstlern den Rücken frei und fällt nicht großartig auf. Doch im Halbfinale gegen Deutschland holte der Abwehrspieler zum entscheidenden Schlag aus.

Arne Friedrich. Der Innenverteidiger galt lange als ein Wackelkandidat und wenig beliebt bei den Fans. Er war in Südafrika plötzlich souverän, zauberte teilweise brasilianisch und erzielte im 77. Einsatz seinen ersten Länderspieltreffer.

Bastian Schweinsteiger. Aus dem »Schweini« früherer Tage war ein Mann geworden, der seine Kollegen auf dem Platz lenkte und leitete. Das musste selbst der große Maradona anerkennen.

Thomas Müller. Der 20-Jährige bekam den Goldenen Schuh für den erfolgreichsten Torschützen und wurde zum »Besten Jungen Spieler« des Turniers gewählt: der Senkrechtstarter.

Wesley Sneijder. Seine beiden Treffer warfen Brasilien aus dem Wettbewerb. Der zweite war ein Kopfball – bei einer Körpergröße von gerade einmal 1,70 Meter!

Diego Forlán. Der Offensiv-Allrounder vom Turniervierten bekam den »Goldenen Ball« für den besten Einzelspieler. Alle seine Vorgänger hatten im Finale gestanden.

Andrés Iniesta. Kam mit einer Verletzung und ging als Weltmeister. Spaniens Dirigent selbst hatte mit dem einzigen Treffer im Finale für die Entscheidung gesorgt.

Arjen Robben. Der »fliegende Holländer« beherrscht einen Trick, den inzwischen jeder kennt – und doch kann ihn keiner verhindern.

Miroslav Klose. Seine Nominierung wurde deutschlandweit mit Verwunderung aufgenommen. Am Ende hatte sich der Angreifer auf Platz zwei der ewigen WM-Torjägerliste geschossen.

David Villa. Fünf der ersten sechs spanischen Tore schoss er selbst, das andere bereitete er vor. Dem Stürmer wäre als Kind fast das rechte Bein amputiert worden.

VORWORT

Meister an der Kugel: Arne Friedrich beim Billard, Thomas Müller (links) und Miroslav Klose beim Torjubel.

TORWART

CASILLAS

Der Mann für große Spiele und große Gefühle

Magische Momente: Ausgelassener Jubel und Freudentränen bei Iker Casillas. Links seine Freundin, die TV-Journalistin Sara Carbonero.

TORWART

Große Spieler, so heißt es, entscheiden große Spiele. Getreu dieser alten Fußball-Weisheit ließ sich Iker Casillas Zeit, ehe er bei der WM 2010 erstmals entscheidend eingriff. Im Viertelfinale gegen Paraguay entschärfte der Torhüter in der 59. Minute den Strafstoß von Óscar Cardozo, in der Endphase rettete er kurz hintereinander gegen Lucas Barrios und Roque Santa Cruz die spanische 1:0-Führung über die Zeit.

Im Halbfinale gegen Deutschland bewahrte Casillas seine überlegene Mannschaft vor einem Rückstand, als nach einer guten Stunde urplötzlich Toni Kroos frei vor ihm auftauchte. Und das Endspiel entwickelte sich phasenweise zu einem Privatduell zwischen dem Keeper und Arjen Robben, das den Holländer in allen Einzeltaten als zweiten Sieger sah.

45. Minute: Arjen Robben setzt zu seiner Spezialität an. Der Stürmer zieht mit dem Ball am Fuß von der rechten Seite nach innen und schießt mit dem linken Fuß auf das kurze Eck. Iker Casillas ist blitzschnell unten und dreht den Ball um den Pfosten.

52. Minute: Wieder schießt Robben, diesmal aus einer zentralen Position. Casillas fängt sicher.

62. Minute: Nach einem Traumpass Wesley Sneijders läuft Robben allein und ungestört auf das spanische Gehäuse zu. Casillas bleibt stoisch ruhig, bietet ihm keine Ecke an, wartet, wartet, wartet. Als der Holländer endlich kurz vor ihm abzieht, zuckt sein linker Fuß raus. Die bis dahin größte Chance des Endspiels ist vereitelt.

84. Minute: Erneut läuft Robben Richtung Tor, Piqué und Puyol bedrängen ihn, doch er kann sich durchsetzen. Nicht aber gegen Casillas, der erneut pariert.

Nach diesen Glanztaten wurde der Madrilene wie schon im Anschluss an die Europameisterschaft 2008 zum besten Torwart des Turniers gewählt und von der FIFA mit dem Goldenen Handschuh ausgezeichnet.

Die Vita des Iker Casillas hat viele Merkmale eines Fußballers, wie es ihn überall auf der Welt gibt. Als Achtjähriger trat er dem örtlichen Verein bei, und dort spielt er heute noch. Mit 16 saß er schon einmal bei

> »Mich plagen Schuldgefühle. Hätte ich den rein gemacht, wären wir wohl Weltmeister geworden.«
> Arjen Robben zu seiner Großchance

»Simpson« klärt: Casillas fängt den Ball mit seinem Spezial-Handschuh vor dem Schweizer Blaise Nkufo.

Faustrecht: Iker Casillas klärt resolut vor dem Portugiesen Cristiano Ronaldo.

der ersten Mannschaft auf der Bank, so gut war er. Mit 18 erwarb er den Führerschein und kaufte sich einen Fiat Panda, etwas später fuhr er dann mit einem Renault 19 zum Training.

Zu dieser Zeit hatte dieser in vielen Bereichen so normale, ja fast Allerwelts-Torhüter, allerdings bereits die Champions League gewonnen, mit Real Madrid, dem wohl spleenigsten und extravagantesten Fußballverein dieser Erde – die Galaktischen halt. Hier geben sich die Top-Leute dieses Planeten die Klinke in die Hand, hier spielt seit vielen Jahren alles, was rund um den Globus extrem gut und besonders teuer ist. Es ist Usus und Pflicht für die Verantwortlichen, in häufig schnellem Wechsel das Beste vom Besten zu präsentieren, um die verwöhnten Fans bei Laune zu halten. Und sich selbst auch.

Mittendrin, seit zwei Jahrzehnten: Normalo Iker Casillas, dessen Vertrag bis 2017 läuft. »Ich bin kein Galaktischer. Ich bin aus Móstoles«, verweist der Torhüter gerne auf seinen heimatlichen Vorort, »mein Lebensstil unterscheidet sich nicht groß von dem meiner Altersgenossen. Ich führe nach wie vor ein ganz normales Leben.«

Mittlerweile ist der »heilige Iker«, wie ihn die Medien gerne nennen, bei Real 29 Jahre alt geworden und hat dort eine Unzahl an Superstars kommen und gehen gesehen. In Spanien kann sich niemand die Galaktischen und das Nationalteam ohne ihn vorstellen, war er doch seit 2000 bei jeder Welt- und Europameisterschaft dabei. Bei der EURO 2008 führte Casillas sein Land erstmals seit 44 Jahren, seit dem Gewinn des EM-Titels 1964, wieder zu einer bedeutenden internationalen Meisterschaft. Mit einer beeindruckend konstanten Serie: kein Gegentor im Viertelfinale, kein Gegentor im Halbfinale, kein Gegentor im Finale. Auch in Südafrika stand die Null in allen K.-o.-Spielen. Jeweils 1:0 hieß es gegen Portugal, Paraguay, Deutschland und die Niederlande.

Von diesem außergewöhnlich erfolgreichen Mann ist nur eine einzige Marotte bekannt. Seit der WM 2006 spielt er mit einer Spezialanfertigung eines Torwart-Handschuhs, die nur vier Finger aufweist. Als

> »Es ist unglaublich. Iker hat uns schon so oft gerettet.«
> David Villa nach dem Sieg über Paraguay

TORWART

er sich bei dem Turnier in Deutschland den linken Ringfinger ausrenkte, wurde dieser zur Stabilisation mit einem Tape-Verband an den Mittelfinger geklebt. »Ich habe mich daran gewöhnt und will das beibehalten«, sagte Casillas und meint scherzhaft: »Ich bin wie einer von den Simpsons.« Die Comicfiguren haben alle nur vier Finger ...

und die Lippen und verschwand wortlos in der Kabine. Mit den Worten »Madre mia« – meine Güte – gab Sara Carbonero ins Studio zurück. Eine Szene, die ganz Spanien tief bewegte, sie wurde auf dem Videoportal »YouTube« schon am Tag nach dem Endspiel millionenfach angeklickt. Iker Casillas – ein Mann nicht nur für große Spiele, sondern auch für große Gefühle.

Überflieger: Iker Casillas rettet vor Robin van Persie (rechts), muss aber auch Carles Puyol aus dem Weg gehen.

Trotz aller persönlichen Normalität und sportlichen Qualität ist von Iker Casillas bei der WM eine ganz private Szene in Erinnerung geblieben. Seine Freundin heißt Sara Carbonero und arbeitet als TV-Journalistin beim spanischen Privatsender »Telecinco«. In dieser Funktion befand sich die überaus attraktive 25-Jährige bei vielen Spielen von Real Madrid und auch während der WM mit dem Mikrofon in der Hand unmittelbar hinter dem Tor ihres Angebeteten. Eine heikle Situation für beide, die für viel Gesprächsstoff sorgte. Über Interessenkonflikte bei ihr wurde spekuliert, über Konzentrationsprobleme bei ihm.

Als Sara ihren Iker nach dem Finalsieg interviewen wollte, schüttelte dieser vor laufenden Kameras den Kopf, zog die braunhaarige Schönheit mit beiden Händen zu sich heran, küsste sie auf die rechte Wange

Die persönliche WM-Bilanz
WM-Spiele: 7
Spielminuten: 660
Abwehraktionen: 17
Pässe: 180
Angekommene Pässe: 138 (77%)

Die persönliche Erfolgsbilanz
Weltmeister: 2010
Europameister: 2008
Junioren-Weltmeister: 1999
U-16-Europameister: 1997
Champions-League-Sieger: 2002, 2000
Spanischer Meister: 2008, 2007, 2003, 2001
Weltpokalsieger: 2002

>>Das ist das wichtigste Spiel unserer Geschichte. Es hat eine höhere Bedeutung als das EM-Finale vor zwei Jahren. Unsere Landsleute wollen den WM-Pokal, der EM-Titel ist Vergangenheit.<<

Iker Casillas vor dem Halbfinale gegen Deutschland

Der Dank an Pepe Reina

Nach dem Abpfiff des Spiels gegen Paraguay rannte Iker Casillas pfeilschnell und schnurstracks Spaniens Torwart Nummer zwei, Pepe Reina, in die Arme. Der Grund für diesen Gefühlsausbruch: Sein Vertreter hatte ihm einen goldrichtigen Tipp gegeben. Denn beim Spiel der Europa League zwischen dem FC Liverpool, wo Reina zwischen den Pfosten steht, und Benfica Lissabon, wo Óscar Cardozo spielt, hatte dieser gleich zwei Elfmeter verwandelt und jedes Mal in die von sich aus gesehen rechte Ecke gezielt. Diese wählte der Stürmer jetzt erneut, doch da lag schon Casillas, von Reina wohlinformiert. »Gracias, Pepe«, sagte er später, »wie recht Du doch hattest.«

TORWART

Ein Torhüter, der keiner ist, und zwei neue Rekorde

Handballer: Luis Suárez (Nr. 9) rettet gegen Ghana mit unfairen Mitteln auf der Linie.

Spötter behaupten, der zuverlässigste Keeper des Turniers sei Luis Suárez gewesen. Der Uruguayer rettete mit einer spektakulären Parade gegen Ghana seiner Mannschaft in der 120. Minute das Weiterkommen und ihm unterlief im Tor kein einziger Fehler. Der Haken an der Sache: Suárez wurde von Schiedsrichter Olegário Benquerenca folgerichtig vom Platz gestellt, nachdem er Dominic Adiyiahs Kopfball mit den Fäusten von der Linie ins Feld zurückgeboxt hatte. Denn er ist ein Stürmer. Nur der Tatsache, dass Asamoah Gyan den fälligen Penalty an die Latte setzte, war es zuzuschreiben, dass nicht erstmals in der WM-Geschichte eine afrikanische Mannschaft ein Halbfinale erreichte. Das an- und abschließende Elfmeterschießen gewann Uruguay mit 4:2.

>> Außer Benaglio hat kein Schweizer eine überragende WM gespielt. <<
Hans-Peter Zaugg,
ehemaliger Nationaltrainer der Eidgenossen

Für Suárez war es eine Ausnahme, Torhüter zu spielen. Viele andere, die dies regelmäßig tun, hatten Probleme mit dem neuen WM-Ball, Jabulani genannt. Für die Firma adidas war es die rundeste Kugel, die sie jemals hergestellt hat, für viele Keeper dagegen ein rechtes Ärgernis. Auch anerkannte Großmeister der Gilde griffen immer mal wieder daneben, besonders bei Distanzschüssen präsentierte sich das Spielgerät als sehr flatterhaft und unberechenbar. »Dieser Ball ist eine Schande«, hatte sich der Italiener Gianluigi Buffon schon vor dem Turnier beschwert.

Doch es gab auch in Südafrika Torleute, die sich besonders in den Blickpunkt fangen und fausten konnten. Der Schweizer Diego Benaglio etwa, der mit nach seinen speziellen Bedürfnissen eigens angefertigten

IM BLICKFELD

Wieder Endstation: Diego Benaglio bleibt auch gegen Chiles Alexis Sánchez Sieger.

Die Null steht: Portugals Torwart Eduardo ist vor Emmanuel Eboué von der Elfenbeinküste am Ball.

TORWART

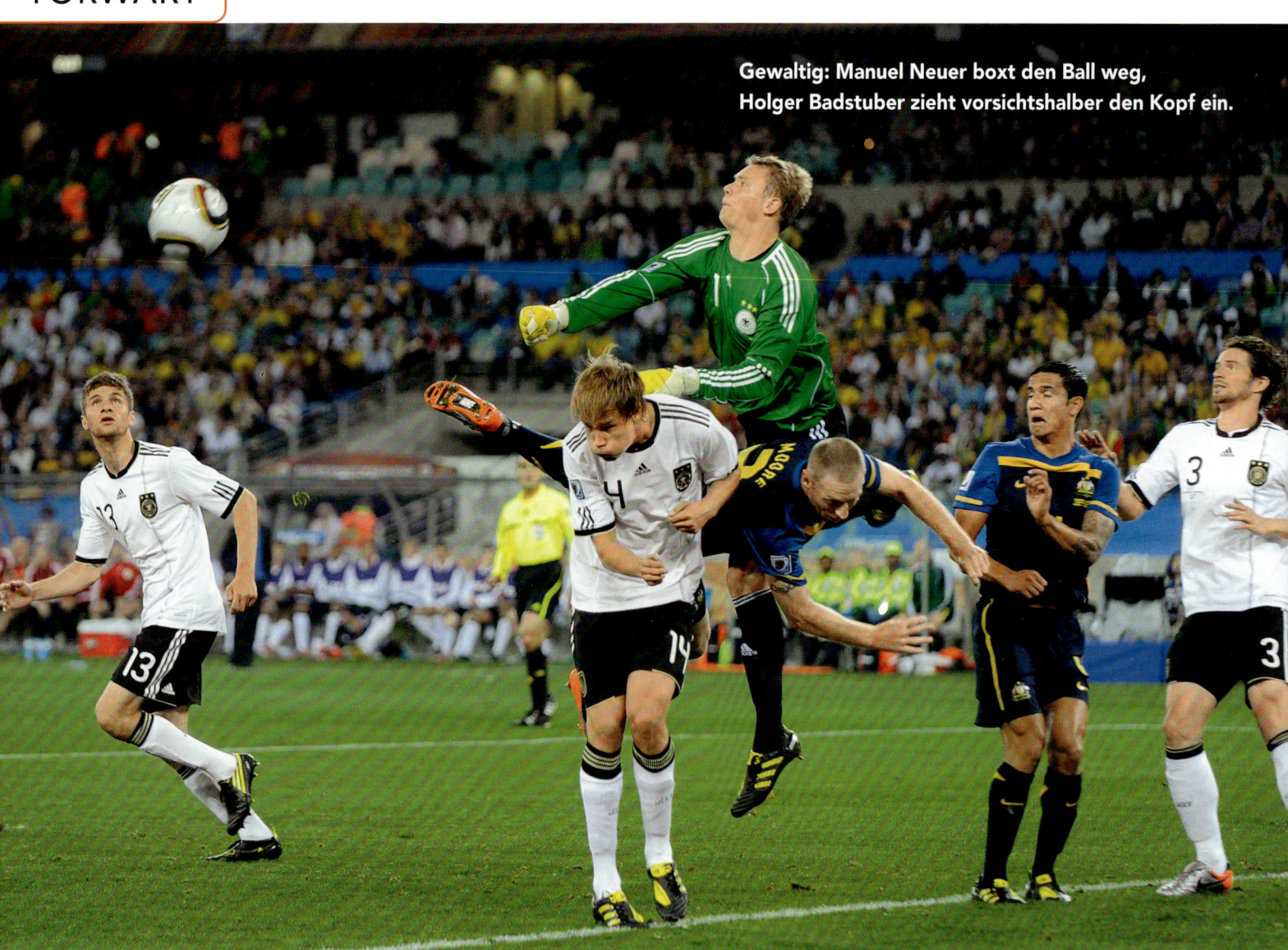

Gewaltig: Manuel Neuer boxt den Ball weg, Holger Badstuber zieht vorsichtshalber den Kopf ein.

Neuer und der Ausgleich für Wembley

Es war eine der meistdiskutierten Szenen der WM 2010. Der Schuss von Frank Lampard sprang beim Spiel Deutschland gegen England in der 38. Minute deutlich hinter der Linie auf, Schiedsrichter Larrionda sah es nicht. Der späte Ausgleich für Wembley 1966, meinten viele, als der Schuss von Hurst in der Verlängerung des Finales knapp nicht im Tor war, der Unparteiische Dienst trotzdem auf 3:2 für England entschied. Manuel Neuer sagte nach dem Abpfiff, dass er nicht genau erkennen konnte, wo sich der Ball befand. Er habe ihn sich dennoch blitzschnell gegriffen, »um den Schiedsrichter gar nicht erst auf die Idee zu bringen, das Spiel zu unterbrechen.« Ganz schön clever für einen gerade mal 24-Jährigen in seinem neunten Länderspiel ...

>> Ich habe mich während der WM als Nummer eins gefühlt und will es selbstverständlich auch bleiben. <<

Manuel Neuer

Handschuhen angereist war. Ihm gelang es, mit einer Top-Leistung beim 1:0 über Spanien und weiteren Glanztaten in den Gruppenspielen einen neuen WM-Rekord aufzustellen. Insgesamt 557 Minuten blieb die Schweiz bei einer Weltmeisterschaft ohne Gegentor. Das letzte vor dem 0:1 gegen Chile datierte aus dem Jahr 1994, der Spanier Begiristain hatte es erzielt. Überboten wurden damit die 550 blütenweißen Minuten, die Italien beim Turnier im eigenen Land 1990 gelungen waren.

Eine neue nationale Bestmarke setzte der Portugiese Eduardo dos Reis Carvalho, kurz Eduardo genannt, der in Länderspielen 763 Minuten lang keinen Ball aus dem Netz holen musste. Erst am 11. Februar 2009 hatte der 27-Jährige in der Nationalelf debütiert

IM BLICKFELD

und war bis zum 0:1 gegen Spanien im Achtelfinale in 18 Länderspielen ungeschlagen geblieben. Zur WM 2006 in Deutschland war er noch als Fan mit dem eigenen Auto angereist, »weil es billiger war«.

Zwei andere hatten mit großen Schatten zu kämpfen und taten dies mit Bravour. Manuel Neuer stand nur zwischen den Pfosten, weil sich Deutschlands erklärte Nummer eins, René Adler aus Leverku-

> »Eduardo spielt eine tolle WM. Als Torwart weiß ich, wie schwer es ist, keine Tore zu kassieren. Vor allem bei so einem Turnier.«
> Der Brasilianer Júlio César

sen, vor dem Turnier schwer verletzt hatte. Der Schalker tat es, Ausnahme das Gegentor beim 4:1 über England, mit Bravour. Der Holländer Maarten Stekelenburg musste mit der Bürde antreten, der Nachfolger von Edwin van der Sar zu sein. Hollands Rekordnationalspieler hatte seine Karriere in der »Elftal« nach 130 Länderspielen im Oktober 2008 beendet. Der frühere Coach Marc van Basten hatte Stekelenburg öffentlich kritisiert und auf die Bank verbannt. Nachfolger Bert van Marwijk setzte vorbehaltlos auf den 1,94 Meter großen Modellathleten und behielt Recht damit.

> »Maartens Paraden waren entscheidend, er hat uns im Spiel gehalten.«
> Bert van Marwijk nach dem Achtelfinale gegen die Slowakei

Flatterhaft: Wie der Brasilianer Júlio César beim 1:1 gegen Holland hatten viele Torhüter Probleme mit dem WM-Ball Jabulani.

ABWEHRSPIELER

Arne Friedrich: Vom Saulus zum Paulus

FRIEDRICH

Grenzenloser Jubel: Per Mertesacker und Thomas Müller (links) versuchen, Arne Friedrich nach dessen 3:0 gegen Argentinien einzufangen.

ABWEHRSPIELER

Relativ betrachtet war Arne Friedrich mit Sicherheit die größte Überraschung dieser Weltmeisterschaft. Denn bei keinem klaffte die Schere zwischen öffentlichem Argwohn vor Turnierbeginn und tatsächlicher Leistung so weit auseinander wie bei dem langjährigen Kapitän von Hertha BSC Berlin. Stöhnte die große Mehrzahl der deutschen Fans bei der Nennung seines Namens zunächst noch in Erwartung von höchster Gefahr für das eigene Tor auf, so mussten und durften die Kritiker erstaunt zusehen, wie der Abwehrspieler zur verlässlichsten Defensivgröße in Jogi Löws Mannschaft wurde, wie er kritische Situationen teilweise sogar brasilianisch anmutend löste und wie ihm darüber hinaus noch sein erster Treffer im Nationaltrikot gelang.

Es waren gleich mehrere Faktoren, die diese Wandlung vom fußballerischen Saulus zum Paulus auslösten. Da war zum einen eine neue Position für Friedrich. Jahrelang hatte er immer wieder als rechtes Glied der Viererabwehrkette ausgeholfen, in Ermangelung einer besseren Alternative. Diesen Posten übernahm nun fest Philipp Lahm. »Seit ich 2002 in der Nationalelf angefangen habe, haben sich die Anforderungen an Außenverteidiger extrem verändert. Damals reichte es, die Seite abzudichten und lange Bälle auf die Stürmer zu schlagen«, erzählt Friedrich, der sich in Südafrika aus-

> »Ich hatte nicht mehr damit gerechnet und würde gerne öfters Tore schießen, weil man das Gefühl nicht beschreiben kann.«
> Arne Friedrich nach seinem ersten Treffer für Deutschland

FRIEDRICH

Der entscheidende Moment: Arne Friedrich schießt im 77. Länderspiel sein erstes Tor.

ABWEHRSPIELER

schließlich auf seinen Job als Innenverteidiger konzentrieren konnte und mit dieser Aufgabe vollauf zufrieden war: »Intern habe ich immer gesagt, dass ich lieber innen spiele, aber ich habe mich eben in den Dienst der Mannschaft gestellt.«

Dieses Selbstopfer brachte ihm herbe Kritik bei der WM 2006 im eigenen Land ein. Beim 4:2 zum Auftakt über Costa Rica war ein Treffer zu Lasten des unfreiwillig Verschobenen gegangen. Diese Fehlleistung hatte ihn trotz des Sieges seinen Platz im Team gekostet: »Ich habe damals versucht, eine Lücke zu schließen, und die anderen haben auf Abseits gespielt. Das hat natürlich bescheuert ausgesehen.« Der große

> »Wir haben das deutsche Gen in uns, und das heißt: Wir sind im richtigen Moment da. Wir werden alles dafür tun, dass die Party weitergeht.«
> Arne Friedrich vor dem 1:0 über Ghana

Gewinner im zentralen Abwehrbereich hieß damals Per Mertesacker. Doch diesmal waren die Rollen andersherum verteilt. Der lange Schlaks von Werder Bremen galt als häufiger Unsicherheitsfaktor, den sein Nebenmann sportlich und mental zu unterstützen versuchte. Was auch gelang. »Ich kann mich zurzeit zu hundert Prozent auf Arne verlassen. Er strahlt Sicherheit aus, das ist wichtig für mich. Ich hoffe, es wird sich bei mir schnell einpendeln«, so Mertesacker.

Dass Arne Friedrich derart vorsichtig beäugt wurde, lag auch an dem Katastrophenjahr, das hinter seinem Verein Hertha BSC lag. Nachdem die Berliner

Breite Brust: Arne Friedrich klärt vor dem Engländer Jermain Defoe.

Laufduell: Arne Friedrich gegen den Spanier David Villa.

eine Saison zuvor noch lange die Hand an die Meisterschaftsschale gelegt hatten, ehe sie am Ende Tabellenvierter geworden waren, stiegen sie im Spieljahr 2009/2010 nahezu chancenlos ab. Es gab kübelweise Hohn und Spott für den Hauptstadtklub. Aber an dieser permanenten Stress-Situation wuchs Friedrich persönlich, ebenso wie an der anhaltenden Kritik an seinen Auftritten im Nationaltrikot. Dies befähigte den 31-Jährigen, auch in schwierigen Momenten während der WM kühlen Kopf und konzentrierte Leistungsfähigkeit zu bewahren. »Nach dem ersten Spiel waren wir die Helden, die den Pokal gewinnen. Jetzt sind wir entzaubert worden. Aber wir wissen als Fußballer, wie das funktioniert. Ein Rückschlag gibt es in einem solchen Turnier doch immer«, blieb er nach der Niederlage gegen Serbien im zweiten Gruppenspiel cool, ebenso wie bei einem Dauerthema rund um die Nationalelf: »Vor wenigen Tagen hieß es noch, wir brauchen Michael Ballack gar nicht mehr, jetzt soll er uns plötzlich wieder fehlen. Wir wollen das gar nicht hören. Wir sind eine starke Mannschaft mit einem guten Charakter.«

Friedrich: »Eineinhalb Tore vorher«

Für die Freunde der nackten Zahlen war das 3:0 gegen Argentinien der erste Treffer Arne Friedrichs für die Nationalmannschaft. Das sah dieser aber, nicht ganz ernst gemeint, anders: »Ich hatte vorher schon eineinhalb Tore!« Am 16. Oktober 2002 hatte er gegen Färöer schon einmal getroffen – allerdings in das von Oliver Kahn gehütete eigene Netz. Woher das halbe kommt: Am 21. August des gleichen Jahres hatte Carsten Jancker gegen Bulgarien Friedrichs Schuss zum Endstand abgefälscht, die Statistiker hatten das 2:2 einhellig dem Bayern-Stürmer gutgeschrieben.

Weil Friedrich selbst diesen verkörperte, berief ihn Jogi Löw in den Mannschaftsrat. Und mit gestiegener Verantwortung erhöhte sich auch dessen sportliche Kompetenz. »Arne hat fast jedes Duell gewonnen. Ich habe ihn sehr gut gesehen, er gab uns den Halt«, lobte der Bundestrainer seinen Innenverteidiger, der im Verlauf des gesamten Turniers nur sechsmal Foul zu spielen brauchte, nach dem Erfolg über Ghana.

ABWEHRSPIELER

Doch es sollte noch besser kommen. Als geradezu brasilianisch ging Friedrichs Rettungstat beim sensationellen 4:1 über England in die Turniergeschichte ein, als er in großer Not Jermaine Defoe den Ball abnahm und dann Steven Gerrard im eigenen Strafraum auf engstem Raum austanzte. Doch der individuellen Highlights noch nicht genug, beim noch grandioseren 4:0 über Argentinien im Viertelfinale setzte Arne Friedrich noch einen obendrauf. Der Treffer zum 3:0 war sein erster im DFB-Trikot, beim 77. Einsatz. Damit war es ihm gelungen einen Makel abzustreifen: Von nun an galten wieder Christian Wörns und Willi Schulz als torungefährlichste Nationalspieler aller Zeiten. Ihnen beiden war in jeweils 66 Spielen kein einziger Erfolg gelungen.

> »Seine Klasse stellt Arne gerade wieder in der Nationalelf unter Beweis. Er wird uns nicht nur als leistungsstarker Spieler, sondern auch als Persönlichkeit gut tun.«
> Wolfsburgs Manager Dieter Hoeneß

Der Wechsel nach Wolfsburg

Mit einer ungewissen Zukunft war Arne Friedrich in Südafrika angereist. Weiter bei Hertha BSC und damit in der Zweiten Liga zu spielen, war nicht unbedingt das Ziel des 31-Jährigen. Dies hätte seine weitere Karriere in der Nationalelf wohl beendet. Dazu war er einer der wenigen Fußballer, denen man nicht zumindest eine Teilschuld am Abstieg einräumen musste. Seine guten Leistungen bei der WM weckten das Interesse mehrerer Klubs an ihm. Am Ende unterschrieb der Verteidiger einen Dreijahresvertrag beim VfL Wolfsburg.

Im Jubel vereint: Deutschlands Innenverteidiger Per Mertesacker (links) und Arne Friedrich.

Die persönliche WM-Bilanz
WM-Spiele: 7
Spielminuten: 630
Tore: 1
Assists: 0
Torschüsse: 2
Schüsse auf das Tor: 2
Pässe: 316
Angekommene Pässe: 251 (79%)
Fouls: 6
Gefoult worden: 4
Gelaufene Kilometer: 64,35
Höchstgeschwindigkeit: 28,11

Die persönliche Erfolgsbilanz
WM-Dritter: 2010, 2006
Vize-Europameister: 2008

ABWEHRSPIELER

Jimi Hendrix mit Tarnkappe

PUYOL

Bis hierher und nicht weiter:
Carles Puyol hält Spaniens Abwehr zusammen.

ABWEHRSPIELER

Er sieht ein wenig aus wie ein Relikt aus einer längst vergangenen Epoche. In einer Zeit, da viele Fußballer rund um den Globus auf dem Kopf kahl und glattrasiert daherkommen oder von ihrem Friseur zumindest eine modische Kurzhaar-Frisur verordnet bekommen haben, trägt Carles Puyol eine Matte spazieren, die jedem Spät-68er zur Ehre gereichen würde. Jimi Hendrix, die aufgrund exzessiven Drogenkonsums viel zu früh verstorbene Gitarren-Legende der Woodstock-Ära, könnte hier als Vorbild gedient haben.

für Zweikampfhärte, Unerbittlichkeit, Aggressivität und Bedingungslosigkeit. »El Tiburón«, der Hai, ist der Mann fürs Grobe beim neuen Weltmeister. Aber damit hat er sich unentbehrlich gemacht. Im Rampenlicht stehen andere, doch der 32-Jährige ist immer da, wo und wann er gebraucht wird.

Mit dieser Fähigkeit hat er alles erreicht, was ein Fußballer im europäischen Vereinsfußball und mit seiner Nationalmannschaft gewinnen kann. »Kann sein, dass dieser Junge viel weniger Talent besitzt als andere. Ich habe aber noch nie einen erlebt, der solchen Ehr-

Das Tor zum Finale: Carles Puyol (Nummer 5) köpft das 1:0 gegen Deutschland.

Und auch in seiner Mannschaft kommt der Verteidiger ziemlich exotisch daher. Während die Iniesta, Xavi und Co. weltweit als Verkörperung des schnellen Kurzpasses und des schönen Spiels gelten, so steht Carles Puyol in dieser Techniker-Combo als Synonym

»Ein spektakuläres Tor. Carles hat es verdient, vor allem aufgrund der großartigen Arbeit, die er in der Abwehr leistet.«

Xavi, »Man of the Match« gegen Deutschland

geiz hatte, dazuzulernen«, sagte sein Jugendtrainer Oriol Tort einmal. Mit dieser Fähigkeit kam Carles Puyol, der als Rechtsaußen begonnen hatte, 1999 in die erste Mannschaft des FC Barcelona und etablierte sich dort zunächst als Rechtsverteidiger. Später wurde er von Trainer Louis van Gaal ins

PUYOL

>> Puyol, diese Mischung aus Tarzan und Jesus, flog durch die Luft wie Superman. <<

Die dänische Zeitung Ekstra Bladets

Abwehrarbeit: Carles Puyol und Gerard Piqué (rechts) gegen Miroslav Klose (links) und Mario Gomez.

Deckungszentrum beordert. Im November 2000 folgte das Debüt in der A-Nationalmannschaft, aus beiden Teams war Puyol seitdem nicht mehr wegzudenken. Seite an Seite mit den Besten der Zunft feierte er still und bescheiden die größten Erfolge, die der Fußball bereit hält. So holte sich beispielsweise Barcelona in der Saison 2008/09 das Tripel aus nationaler Meisterschaft, Pokal und Gewinn der Champions League – mit einem allseits verehrten und vergötterten Lionel Messi und mit Carles Puyol als ewig unscheinbarem Kapitän. In Südafrika gelang es mit Spanien erstmals seit 1974 wieder einem Europameister, seinen Titel zwei Jahre später zu bestätigen und sich die Krone des globalen Fußballs aufzusetzen.

Dies war damals Deutschland gewesen, 2010 Spaniens Gegner im Halbfinale. Als den iberischen Ballzauberern in diesem Spiel nichts Rechtes mehr einfiel, wie sie Manuel Neuer überwinden sollten, da stahl sich bei einem Eckball in der 73. Minute Carles Puyol i Saforcada, wie er mit komplettem Namen heißt, mit nach vorne. Seine Unscheinbarkeit schien ihm eine Tarnkappe aufzusetzen, denn als der nur 1,78 Meter große Abwehrspieler von der Strafraumgrenze aus Anlauf nahm und den Ball schließlich mit Vehemenz, die Haare in alle Richtungen abstehend, zur Entscheidung in die Maschen rammte, da hatte sich kein Gegner um ihn gekümmert. Der Dienstbote der Künstler war schlichtweg vergessen worden.

Karriereende mit 90 Spielen und drei Toren

Nach der WM verkündete Carles Puyol das Ende seiner Karriere in der spanischen Nationalmannschaft. Getreu dem Leitspruch, dass man auf dem Höhepunkt aufhören solle, sagte der frisch gekürte Weltmeister, er wolle sich fortan ausschließlich auf seinen Verein FC Barcelona konzentrieren. Seine Laufbahn endete nach 90 Länderspielen, in denen er drei Treffer erzielte. Neben dem 1:0 im Halbfinale gegen Deutschland traf Puyol noch beim 5:0 im Freundschaftsspiel gegen Nordirland im April 2002 und beim 3:0 über Estland im Rahmen der WM-Qualifikation im Oktober 2008.

Wie sehr dieses Phantom aus dem Nichts kam, verdeutlichen die Erklärungsversuche der Deutschen, warum dieser Treffer nicht verhindert wurde. »Norma-

ABWEHRSPIELER

Kleiner Mann ganz groß: Carles Puyol zeigt im Finale gegen Holland seine Kopfballstärke.

lerweise stehen wir vier in einer Reihe und zwei davor. Aber in diesem Moment haben wir in der Kompaktheit etwas falsch kommuniziert«, dozierte Marcel Jansen. Bundestrainer Jogi Löw analysierte: »Irgendwo muss wohl ein Fehler passiert sein. Puyol nimmt Anlauf und kommt mit einer unglaublichen Wucht und Entschlossenheit an diesen Ball.« Und auch der Erklärungsversuch von Per Mertesacker bringt nicht allerletzte Klarheit, warum es nicht gelungen ist, dieses Gegentor zu verhindern: »Die Spanier spielen bei Ecken Varianten. Aber da muss natürlich ein Mann bei Puyol stehen, das war sieben Meter vor dem Tor. Sicherlich war es so, dass nicht alle entschlossen genug auf den Ball gegangen sind.«

Nach seiner Heldentat zog Carles Puyol sich wieder auf den Posten des Innenverteidigers zurück und warf seine bekannten Fähigkeiten ins Rennen, um den Vorsprung über die Zeit zu bringen. Bezeichnend für die gesamte Karriere dieses so wichtigen, aber in der Öffentlichkeit doch so wenig beachteten Fußballers: Nicht er, der das Halbfinale entschieden hatte, wurde zum »Man of the match« gewählt, sondern der spanische Mittelfeld-Dirigent Xavi.

> »Er hat sich einen Ruhmestag wie diesen verdient. Er gibt alles in einem Spiel.«
> Spaniens linker Verteidiger Sergio Busquets

PUYOL

Die persönliche WM-Bilanz
WM-Spiele: 7
Spielminuten: 654
Tore: 1
Assists: 0
Torschüsse: 4
Schüsse auf das Tor: 1
Pässe: 335
Angekommene Pässe: 295 (88%)
Fouls: 6
Gefoult worden: 6
Gelaufene Kilometer: 64,07
Höchstgeschwindigkeit: 28,15

Die persönliche Erfolgsbilanz
Weltmeister: 2010
Europameister: 2008
Silbermedaille beim Olympia: 2000
Champions-League-Sieger: 2009, 2006
Spanischer Meister: 2010, 2009, 2006, 2005
Spanischer Pokalsieger: 2009

ABWEHRSPIELER

Gedränge mit Lahm, Maicon und Sergio Ramos

Die linke Defensivseite entwickelte sich bei der WM zum Diaspora-Gebiet. Nur ein Spieler konnte sich auf dieser Position nachhaltig in Erinnerung bringen: Fábio Coentrão. Der Portugiese war einst bei Benfica Lissabon vom offensiven Mittelfeldmann zum Abwehrspieler umfunktioniert worden und hatte sich seine Angriffsqualitäten behalten. Die schnellen, überfallartigen Vorstöße des 22-Jährigen rückten ihn in den Blickwinkel vieler europäischer Großklubs, auch der FC Bayern zeigte Interesse.

EM 2008 und der WM 2006 zu den herausragenden Figuren gezählt hatte, allerdings zumeist auf links. Nach der Verletzung Michael Ballacks war der 26-Jährige zu Deutschlands Kapitän aufgestiegen und fand

Stark im Vorwärtsgang: Der Portugiese Fábio Coentrão läuft Emmanuel Eboué von der Elfenbeinküste davon.

Auf der gegenüberliegenden Seite herrschte schon mehr Gedränge. Da war wieder einmal der gewohnt zuverlässige Philipp Lahm, der bereits bei der

Gefallen an dem verantwortungsreichen Amt. Dass er dies auch öffentlich formulierte, kurz vor dem Halbfinale gegen Spanien, nahmen ihm Kritiker übel. Sportlich bot Lahm das, was man seit Jahren von ihm kennt. »Er macht intuitiv immer das Richtige«, hatte sein Entdecker Hermann Gerland einmal gesagt, und der Außenverteidiger bestätigte ihn erneut.

Sein zweites starkes großes Turnier in Folge spielte der Spanier Sergio Ramos. Der Europameister von 2008 beeindruckte durch große Kampfkraft und

IM BLICKFELD

»Wir müssen die falschen Entscheidungen minimieren.«
Philipp Lahm

Eng am Mann: Philipp Lahm gegen den Argentinier Gabriel Heinze.

»Ich war völlig außer Atem und habe einfach abgezogen.«
Maicon

Umgekehrte Rollen: Nordkoreas Stürmer Tae-se Jong hechelt Brasiliens Abwehrspieler Maicon hinterher.

ABWEHRSPIELER

hohen Offensivdrang. Er liebt den Stierkampf und scheint einige Attribute davon auf den Fußball zu übertragen.

Eines der spektakulärsten Tore des Turniers gelang Maicon Douglas Sisenando, kurz nur Maicon genannt. Der Brasilianer knackte gegen die Abwehrmauer der höchst defensiven Norkoreaner im ersten Gruppenspiel mit einem überraschenden Schuss fast von der Torauslinie. Der Triple-Gewinner von Inter Mailand glänzte wie Sergio Ramos durch kraftvolle Offensivläufe.

An seiner Seite, wie beim Gewinn der Champions League, des italienischen Pokals sowie der Landesmeisterschaft: Lúcio, der wiederum in der Innen-

>> **Lúcio ist körperlich topfit, ein richtiges Pferd.** <<
Juan

Einen kaiserlichen Spitznamen erwarb sich der Spanier Gerard Piqué, der in Spanien »Piquenbauer« genannt wird. Tolle Technik, starkes Stellungsspiel, Ruhe am Ball und souveräner Spielaufbau gehörten zu den Stärken des 23-Jährigen, der privat als ein wenig exzentrisch bekannt ist. Er modelt, gilt als Frauenschwarm und hat über seine Zeit bei Manchester United (2004 bis 2008) ein Buch mit dem Titel »Hin- und Rückreise« geschrieben.

Bei Joris Mathijsen zeigte sich dessen Wert sehr schmerzlich, als er nicht dabei war. Unmittelbar vor dem Viertelfinale gegen Brasilien musste der Innenverteidiger des Hamburger SV passen, weil er sich beim Aufwärmen eine Knieverletzung zugezogen hatte. Die

Ein richtiges Pferd: Der körperlich enorm starke Lúcio hält sich den Holländer Wesley Sneijder vom Leib.

verteidigung wie einst bei Bayer Leverkusen von Juan unterstützt wurde. Die beiden ergaben ein physisch höchst starkes Duo und erfüllten die für den Rekordweltmeister nicht gerade typischen Vorgaben von Trainer Carlos Dunga: Nicht zaubern, sondern arbeiten. Juan gelang zudem beim 3:0 im Achtelfinale über Mexiko der wichtige Führungstreffer.

holländische Abwehr schwamm eine Halbzeit lang bedenklich. Die Mannschaft von Bert van Marwijk musste froh sein, nicht weit höher als 0:1 im Rückstand zu liegen. Gegen Spanien im Finale war der 30-Jährige wieder von Beginn an dabei und die Niederländer Mannschaft blieben 116 Minuten lang ohne Gegentor.

IM BLICKFELD

Liebt den Stierkampf und die Offensive: Sergio Ramos vom Weltmeister Spanien.

MITTELFELDSPIELER

>> **Wenn man alle fünf Partien betrachtet, ist er für mich der beste Spieler des Turniers.** <<

Franz Beckenbauer
nach dem 4:0 über Argentinien

SCHWEINSTEIGER

Schweinsteiger und der Fuß Gottes

Leichtfüßig: Bastian Schweinsteiger enteilt dem Argentinier Ángel di María.

MITTELFELDSPIELER

Abschirmdienst: Schweinsteiger behauptet den Ball gegen den Ghanaer Kevin-Prince Boateng.

SCHWEINSTEIGER

Duell der Superstars: Bastian Schweinsteiger und der Engländer Frank Lampard.

Wann und wo auch immer während der Weltmeisterschaft der Name Bastian Schweinsteiger genannt wurde, war der Begriff Weltklasse nicht weit. Fans und Kenner der Szene waren sich einig in der Bewertung der Leistungen des Bayern-Spielers.

Dabei sind es nur Nuancen mit fließenden Grenzen, die einen herausragenden Fußballer mit magischen Momenten zu dem machen, was ihn befähigt, über einen längeren Zeitraum wie ein großes Turnier oder eine ganze Saison in einer bedeutenden Liga noch einmal in höhere Sphären vorzustoßen. Leader zu sein, andere mitzureißen, permanente Präsenz zu zeigen auf dem Platz mit dem Wunsch, dem Können und dem Selbstvertrauen, gegen die Besten der Besten zu bestehen und sie zu schlagen. All diese Merkmale vereinigte Bastian Schweinsteiger auf sich. Er, der immer als ganz großes Talent galt, das aber drohte, mit seiner Lausbubenhaftigkeit irgendwo zwischen seinen Spitznamen »Schweini« und »Basti fantasti« steckenzubleiben auf einem Niveau, das für eine große Karriere ausreichte, aber eben nicht für allerhöchste Ansprüche.

> »Bastian Schweinsteiger hat einen unglaublichen Reifeprozess gemacht in den letzten zwei Jahren.«
> Bundestrainer Jogi Löw

Die Wandlung, die der 25-Jährige in den vergangenen beiden Jahren seines Lebens sportlich wie persönlich vollzogen hatte, lässt sich bestens mit seinem Wirken bei der EURO 2008 und dem deutschen 4:0 über Argentinien bei der WM 2010 dokumentieren.

Im Vorfeld der EM schien Bastian Schweinsteiger ein Platz in der Anfangsformation sicher. Meist hatte er im linken offensiven Mittelfeld gespielt, manchmal halbrechts, einmal auch zentral hinter den Spitzen. Doch gegen Polen und Kroatien saß der Münchner zunächst nur auf der Bank, nach seiner Einwechslung in der zweiten Partie ließ er sich zu einer unbeherrschten Aktion gegen Jerko Leko hinreißen und wurde für ein Spiel gesperrt. Weil Bundestrainer Jogi Löw im Viertelfinale gegen Portugal das System umstellte, wurde für »Schweini« ein Platz im rechten offensiven Mittelfeld frei. Er brillierte beim 3:2 und blieb im Team. Fazit: Ein Turnier mit Höhen und Tiefen. Vielen Beobachtern blieben die medienwirksamen Jubeleinlagen mit der auf der Tribüne sitzenden Freundin Sarah Brandner mehr im Gedächtnis als Schweinstei-

MITTELFELDSPIELER

Abwehrarbeit: Bastian Schweinsteiger klärt gegen die drei Spanier Xabi Alonso, Puyol und Xavi (von links)

Kollegial: Sieger Iniesta tröstet Verlierer Schweinsteiger.

gers Leistungen. There is no Business like Show Business.

Argentinien, 2010. Vor dem Viertelfinale eröffnete Bastian Schweinsteiger den Psychokrieg. Er erinnerte an die handgreiflichen Auseinandersetzungen, die die Süd-

> »Spanien wäre mir lieber. Ich bin einer, der immer lieber gegen die stärksten Mannschaften der Welt spielt.«
>
> Bastian Schweinsteiger auf die Frage nach seinem Wunschgegner im Halbfinale

amerikaner angezettelt hatten, nachdem sie vier Jahre zuvor im Elfmeterschießen gegen Deutschland aus dem Turnier geflogen waren. Sprach davon, dass sie gerne versuchen, den Schiedsrichter zu beeinflussen, »aber so sind sie halt, das zeigt ein bisschen ihren Charakter und ihre Mentalität.« Diego Maradona, die Lichtgestalt des Landes vom Rio de la Plata reagierte, indem er den ohnehin für ihn kaum

SCHWEINSTEIGER

Angriffsorientiert: Bastian Schweinsteiger flankt vor Martín Cáceres aus Uruguay.

aussprechbaren Namen verballhornte: »Was ist los mit Dir, Eswejnstejger? Bist Du nervös?« Jetzt waren die Karten klar verteilt. Besteht Eswejnstejger die selbst

> **»Du kannst als junger Spieler nicht gleich auf eine solch wichtige Position.«**
> Bastian Schweinsteiger zu seiner neuen Rolle als Sechser

initiierte Prüfung? Hält er dem Druck stand? Oder scheitert er im Duell der beiden Mannschaften, die bis dahin mit am meisten beeindruckten hatten bei dieser Weltmeisterschaft?

Die Antwort auf alle diese Fragen fiel mehr als souverän aus. Bastian Schweinsteiger war beim 4:0, mit dem Deutschland diesen hochkarätigen Gegner in alle Einzelteile zerlegte, der überragende Mann. Keiner spielte mehr erfolgreiche Pässe (84), keiner lief mehr (11,3 Kilometer). Doch mehr noch als der quantitative Nachweis beeindruckte der qualitative. Schon nach drei Minuten legte Schweinsteiger den Grundstein zum Triumph, als er Thomas Müller per Freistoß den Führungstreffer maßgerecht auf den Kopf servierte. Und die Vorbereitung des 3:0 war die wohl beste Ein-

zelszene des gesamten Turniers. Mit unendlicher Leichtigkeit tanzte Bastian Schweinsteiger auf engstem Raum Di María, Pastore und Higuaín aus, um Arne Friedrich den Ball zu dessen erstem Länderspieltreffer im 77. Einsatz zu servieren. Was für eine Tat! Hatte Diego Maradona bei der WM 1986 mit seinem ebenso skandalösen wie geschichtsträchtigen Tor gegen England die Hand Gottes bemüht, so hatte er nun

Psychospielchen mit Javier Mascherano

Oft sind es in wichtigen Spielen die ersten Minuten, die bestimmen, welche Mannschaft psychologisch im Vorteil ist. Da werden Claims abgesteckt, jeder versucht, den anderen mit mehr oder minder fairen Mitteln zu beeindrucken. So kommt einer kleinen Episode aus dem Argentinien-Spiel eine große Bedeutung zu. Schon in den ersten Minuten grätschte Javier Mascherano Bastian Schweinsteiger rüde ab. Vorteil für die Südamerikaner. Doch als sich der Defensivspieler entschuldigen wollte, ignorierte der Deutsche die ausgestreckte Hand eiskalt und bekam so hierarchisch wieder Oberwasser.

MITTELFELDSPIELER

Was habe ich falsch gemacht? Ein nachdenklicher Bastian Schweinsteiger nach dem Aus gegen Spanien.

den Fuß Gottes gesehen. Jogi Löw konnte nur noch staunend von sich geben: »Es war ein grandioses Länderspiel von Bastian. Was er gearbeitet hat, was er gelaufen ist im Mittelfeld, wie er die Mannschaft in der Organisation geführt hat, wie er bei fast jedem Angriff mit nach vorne gegangen ist und wie er das Tor von Arne Friedrich vorbereitet hat – besser kann man das nicht machen. Es war herausragend in jeder Beziehung.«

Mehrere Faktoren waren gewinnbringend zusammengekommen, um aus dem »Schweini« von 2008 den Bastian Schweinsteiger von 2010 werden zu lassen. Vereinstrainer Louis van Gaal betraute ihn im Herbst 2009 mit der festen Rolle im defensiven Mittelfeld und arbeitete in nahezu jeder Übungseinheit an dessen taktischem Verständnis. Sein Nebenmann war nun Mark van Bommel, ein mit allen Wassern gewaschener Profi, der in unzähligen Schlachten auf den wichtigsten und bekanntesten Fußballplätzen dieser Welt gelernt hatte, welche Mittel zum Erfolg führen können. Auch von ihm konnte sich Schweinsteiger viel abschauen, der im Nachhinein sagte: »Die größte Veränderung bei mir war, dass ich endlich auf meiner Lieblingsposition spielen durfte.«

Mit der neuen Aufgabe auf dem Rasen ging eine Persönlichkeitsentwicklung einher, weil der 25-Jährige nun gezwungen war, mehr und größere Verantwortung zu übernehmen. Denn der »Sechser« ist für Offensive wie für Defensive gleichermaßen zuständig, zudem hat er automatisch mehr Ballkontakte. So gelang es Bastian Schweinsteiger schon vor der Weltmeisterschaft, sein Image des meist den Sonnenseiten des Lebens zugetanen lockeren Vogels abzustreifen. So kurios es auf den ersten Blick klingen mag: Auch die Verletzung des »Capitano« der deutschen Nationalmannschaft brachte ihn voran. Denn nun konnte er sich nicht mehr im Schatten des 33-Jährigen Anführers Ballack aufhalten, er war gezwungen, mit breiter Brust nach vorne zu gehen und seinem Nebenmann Sami Khedira (23) Halt zu geben. Äußeres Zeichen des neuen Standings war die Tatsache, dass Jogi Löw Bastian Schweinsteiger zum stellvertretenden Kapitän beförderte. Eine Rolle, der er sowohl im Spiel als auch außerhalb des Platzes vollauf gerecht wurde.

Die persönliche WM-Bilanz
WM-Spiele: 7
Spielminuten: 621
Tore: 0
Assists: 3
Torschüsse: 12
Schüsse auf das Tor: 3
Pässe: 565
Angekommene Pässe: 428 (76%)
Gelaufene Kilometer: 79,8
Höchstgeschwindigkeit: 26,98
Man of the Match: Gegen Argentinien (4:0)

Die persönliche Erfolgsbilanz
WM-Dritter: 2010, 2006
Vize-Europameister: 2008
Deutscher Meister: 2010, 2008, 2006, 2005, 2003
DFB-Pokalsieger: 2010, 2008, 2006, 2005, 2003

SCHWEINSTEIGER

Medaillenträgerin: Schweinsteigers Freundin Sarah Brander.

MITTELFELDSPIELER

Das tapfere Sneijderlein

SNEIJDER

>>Ich bin in der Form meines Lebens.<<
Wesley Sneijder

MITTELFELDSPIELER

Für das, was sich Wesley Sneijder zu gewinnen anschickte, gab es noch gar keinen adäquaten Ausdruck, es war auch noch keinem Menschen auf dieser Erde zuvor gelungen. Quadrupel nannten es die einen, in Anlehnung an den Tennissport Grand Slam andere. Die Champions League hatte der Holländer mit Inter Mailand ebenso für sich entschieden wie die italienische Meisterschaft und den Pokalwettbewerb. Drei große Titel, nun stand er in Südafrika im Endspiel. »Wir sind im WM-Finale, entscheidenden Treffer ebenso wie das 2:0 gegen die Slowakei (Endstand 2:1), nachdem er in diesem Spiel zuvor die Führung durch Arjen Robben mit einem delikaten Pass über 50 Meter vorbereitet hatte. Einer besonderen Schilderung bedürfen die beiden Treffer beim 2:1 über Brasilien im Viertelfinale. Den ersten wertete die Technische Studiengruppe der FIFA zunächst als Eigentor. Erst auf Intervention der Holländer hin wurde Sneijders Freistoß offiziell in die Wertung aufgenommen. Nach dem zweiten rannte er wie

Kleiner Sneijder ganz groß: Der Holländer köpft den Siegtreffer gegen Brasilien.

es gibt nichts Größeres. Fantastisch«, jubelte der Mittelfeldspieler. Dass es am Ende nicht klappte mit dem geschichtsträchtigen vierten Triumph lag mit Sicherheit nicht an Sneijder, dessen Tore erst dafür gesorgt hatten, dass seine Mannschaft gegen Spanien um die Krone des Weltfußballs kämpfen konnte.

Deren fünf hatte er erzielt auf dem Weg dorthin, und sie waren alle eminent wichtig gewesen. Sein 1:0 gegen Japan bedeutete den

> »Wesley ist einer der Spieler, die diese WM erleuchtet haben.«
> Massimo Moratti, Präsident von Inter Mailand

ein Irrwisch über den Rasen und klatschte sich ständig mit der flachen Hand auf die durch spärlichen Haarwuchs verlängerte Stirn. Was war geschehen? Der nur 1,70 Meter große Mann mit der Nummer 10 auf dem Trikot hatte den Ball ins Tor geköpft, ja geköpft! Dabei war das tapfere Sneijderlein umzingelt von brasilianischen Hünen wie Lúcio, Juan, Maicon oder Torhüter Júlio César gewesen. Entsprechend groß war die Verblüffung bei seinen Kollegen. »Dass ausgerechnet

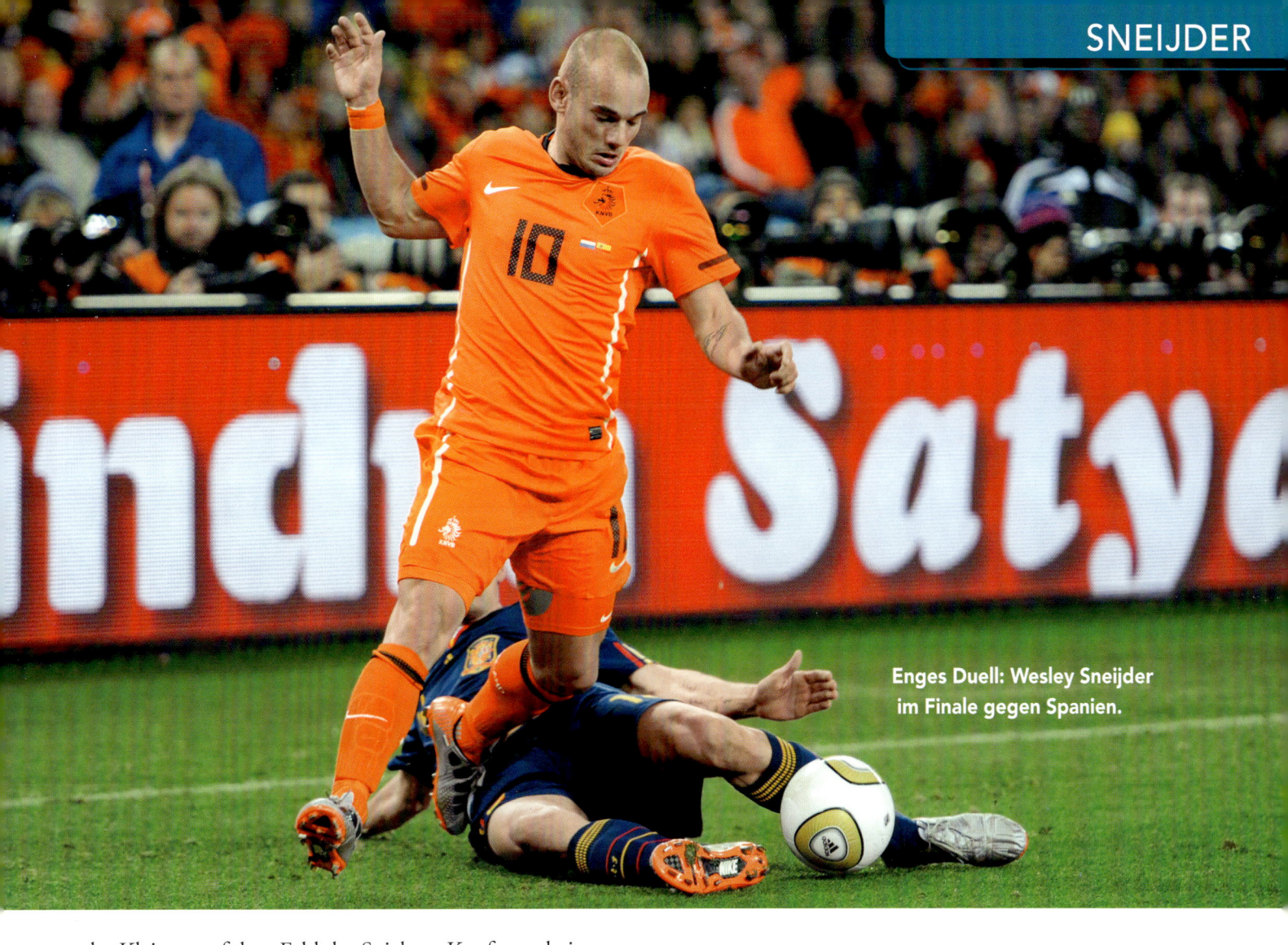

Enges Duell: Wesley Sneijder im Finale gegen Spanien.

der Kleinste auf dem Feld das Spiel per Kopf entscheidet, ist schon etwas Besonderes«, sagte Dirk Kuyt, und Joris Mathijsen ergänzte: »Dass er ein Tor mit dem Kopf macht, passiert nie wieder.« Es war in der Karriere des Wesley Sneijder bis dahin auch nur einmal vorgekommen, in einem holländischen Ligaspiel von Ajax Amsterdam gegen Den Haag, und auch nur unter besonderen Umständen: »Das war ein Torschuss, den ich aus Versehen an den Kopf bekommen habe.« WM-Treffer Nummer fünf fiel wieder unter die Rubrik normal: mit dem Fuß und sehr wichtig, das 2:1 beim 3:2-Erfolg im Halbfinale über Uruguay.

Der offensive Mittelfeldspieler befand sich im Sommer 2010 auf dem Höhepunkt seiner Schaffenskraft. Seine Qualitäten waren indes schon früh erkannt worden. Als zu Beginn des Jahres 2003 bei Amsterdam mehrere Stammkräfte ausfielen, empfahl der Ex-Internationale Danny Blind, Jugendtrainer bei Ajax, Sneijder für die erste Mannschaft. Nur knapp vier Monate später, am 30. April beim 1:1 gegen Portugal, feierte der 18-Jährige sein Debüt in der Nationalmannschaft. Der ersten Meisterschaft mit seinem Verein folgte die Berufung in den Kader für die EM

Der Stress mit Robin van Persie

Oft waren holländische Nationalmannschaften bei großen Turnieren gescheitert, weil es Streit im Kader gab. Die »Elftal« von 2010 galt als verschworene Gemeinschaft. Nur einmal drohte Ungemach: Als Robin van Persie im Achtelfinale gegen die Slowakei ausgewechselt wurde, gab es von dem Stürmer deftige Worte Richtung Trainer Bert van Marwijk. »Wechsle Sneijder aus«, erkannten vom niederländischen Fernsehen eingeschaltete Lippenleser. Doch dieser Affront blieb ohne schwerwiegende Folgen, in einer eigens einberaumten Teamsitzung wurden die atmosphärischen Störungen zwischen allen Beteiligten aus der Welt geräumt.

2004, dort blieb ihm jedoch in der Regel ein Platz auf der Bank vorbehalten. Bei der WM 2006 in Deutschland kam Wesley Sneijder schon häufiger zum Einsatz, allerdings meist auf einer eher ungeliebten Position im defensiven Mittelfeld.

MITTELFELDSPIELER

>> Ich weiß immer noch nicht, warum Real Wesley Sneijder ziehen ließ. <<
José Mourinho

SNEIJDER

Vize-Weltmeister: Ein Erfolg, über den sich Wesley Sneijder kurz nach der Finalniederlage nicht freuen kann.

Die persönliche WM-Bilanz
WM-Spiele: 7
Spielminuten: 652
Tore: 5
Assists: 1
Torschüsse: 27
Schüsse auf das Tor: 11
Pässe: 371
Angekommene Pässe: 258 (70%)
Fouls: 15
Gefoult worden: 12
Gelaufene Kilometer: 73,28
Höchstgeschwindigkeit: 27,09
Man of the Match: Gegen Dänemark (2:0), Japan (1:0), Brasilien (2:1) und Uruguay (3:2)

Die persönliche Erfolgsbilanz
Vize-Weltmeister: 2010
Champions-League-Sieger: 2010
Italienischer Meister: 2010
Italienischer Pokalsieger: 2010
Spanischer Meister: 2008
Holländischer Meister: 2004
Holländischer Pokalsieger: 2006, 2005

Dennoch reichten seine Auftritte im Nationaltrikot und permanente Höchstleistungen in der holländischen Eredivisie, um den jungen Mann für die ganz große europäische Bühne interessant werden zu lassen. 2007 überwies Real Madrid 27 Millionen Euro für den »Pitbull«, wie der nur 1,70 Meter große, aber sehr dynamische Techniker in Spanien fortan genannt wurde, an Ajax Amsterdam. Dies war zu diesem Zeitpunkt die vierthöchste Ablösesumme, die jemals für einen holländischen Spieler entrichtet worden war. Sneijder begann sofort, diese hohe Hypothek in der ihm eigenen Währung abzubezahlen: mit Toren. Bei seinem ersten Einsatz für Real gegen den Stadtrivalen Atlético traf er einmal, beim zweiten gegen Villarreal gelang ihm gar ein Doppelpack. Am Ende standen 30 Spiele, neun Tore und der Meistertitel zu Buche. Doch die Folgesaison verlief enttäuschend. Sneijder fiel zu Beginn des Spieljahres wegen einer Verletzung drei Monate lang aus, was ihn auf Dauer seinen Platz in der Stammformation kostete. Doch die erste große sportliche Enttäuschung seines Lebens entwickelte sich für Sneijder zum Glücksfall. Er ging für 16 Millionen Euro zu Inter Mailand und José Mourinho. Am Saisonende hatten die beiden überaus erfolgreich zusammen gearbeitet – und der Coach wechselte ausgerechnet zu Real Madrid. Während der WM kamen Gerüchte auf, der Spieler würde seinem Trainer folgen; zudem bot Manchester United 35 Millionen Euro für einen Transfer auf die Insel. Doch der Spieler schob allen Spekulationen einen Riegel vor: »Mein Herz schlägt für Inter. Mit dieser Mannschaft habe ich in der vergangenen Saison alles gewonnen. Und die kommenden Jahre will ich weitere Titel holen.« Drei hatte er mit Mailand geschafft. Am vierten, der Komplettierung des Quadrupels oder Grand Slams, war Wesley Sneijder mit der holländischen Nationalmannschaft nur denkbar knapp vorbeigeschrammt.

> »Er hat einen Computer im Gehirn, kann Situationen großartig analysieren und die richtigen Entscheidungen treffen.«
> Rafael van der Vaart

MITTELFELDSPIELER

INIESTA

Mit Iniestas Fitness steigt Spaniens Form

»Weltmeister! Das ist unfassbar, unfassbar, einfach ohne Worte. Wir müssen den Moment genießen und auf jeden in unserem Kader stolz sein.«
Andrés Iniesta

MITTELFELDSPIELER

Nicht zu fassen: Darío Verón (links) und Enrique Vera aus Paraguay bekämpfen Andrés Iniesta mit allen Mitteln.

>> Titel führen dazu, dass du immer mehr machst und willst. Ich möchte mich weiter verbessern und weiter Titel gewinnen. <<
Andrés Iniesta

Defensivarbeit. Iniesta im Laufduell mit Piotr Trochowski.

O weh, Spanien! Mit 0:1 hatte der amtierende Europameister und erklärte Titelfavorit der WM seine erste Partie in Südafrika gegen die Schweiz in den Sand gesetzt. Und noch nie in der 80-jährigen Geschichte der Welt-Titelkämpfe war es einer Mannschaft gelungen, das Championat zu gewinnen, die ihr Auftaktmatch verloren hatte. Was für ein schlechtes Omen. Dazu hatte sich Andrés Iniesta, gemeinsam mit Xavi der Spiritus Rector des gefürchteten Kurzpass-Spiels der Iberer, erst kurz vor dem Anpfiff leidlich fit gemeldet. Er war zwar dabei, aber nicht in Form. In der Endphase der Saison hatte der 26-Jährige beim FC Barcelona lange mit Muskelproblemen gefehlt. Erst am 29. Mai gegen Saudi-Arabien hatte er sein Comeback in der Nationalelf gegeben. Beim letzten Test gegen Polen allerdings musste er schon nach 39 Minuten wieder ausgewechselt werden.

Dennoch erscheint es logisch, dass Iniesta mit dem letzten Treffer des Turniers vier Minuten vor dessen Ende Spanien erstmals zum Weltmeister kürte. Denn parallel zur Fitness des wuseligen Mittelfeldmannes stieg die Form der Elf von Vicente del Bosque. Hatte sie sich noch recht mühsam durch die Gruppenphase gekämpft, drückte sie mit ihrem gefürchteten »Tiqui-Taca« in den K.-o.-Spielen alle Gegner an die Wand. Heraus kamen vier 1:0-Siege über Portugal, Paraguay, Deutschland und die Niederlande – ein neuer Rekord, noch nie hatte ein Land diese heiße Phase einer WM ohne Gegentor überstanden.

Doch zurück zu Andrés Iniesta. Äußeres Zeichen wiedergefundener Spielfreude und größtmöglicher Leistungsfähigkeit war nicht nur das Goldene Tor im Endspiel, sondern gerade auch dessen Entstehung. Es lief immerhin die 116. Minute – wer hat da noch Kraft und Selbstbewusstsein, etwas zu riskieren, jeder Fehlpass kann in dieser Phase zum unmittelbaren Aus führen –, als der kleine Techniker an der Mittellinie den Ball frech mit der Hacke zu Fàbregas weiterleitete und sich Richtung Strafraum frei lief. Über Navas, Torres und erneut Fàbregas landete die Kugel wieder bei ihm, und er jagte sie per Volleyschuss ins Netz. Der Jubel über den ersten Stern auf dem Trikot war in der spanischen Heimat ebenso unbeschreiblich wie in Johannesburg vor Ort, in der Kabine feierten Königin Sophía, Prinz Felipe mit seiner Letizia, Star-Tenor Placido Domingo und der frischgebackene Wimbledonsieger Rafael Nadal ausgelassen mit den Spielern des neuen Weltmeisters.

Dies war der vorläufige und nur schwer zu toppende Höhepunkt von Iniestas Karriere, die im Alter von zwölf Jahren ihren Anfang genommen hatte. Da war er bei einem Jugendturnier in Madrid, bei dem sein Heimatklub Albacete Balompié mitspielte, den Spähern des FC Barcelona aufgefallen. Diese scheinen einen besonderen Blick für kreative Mittelfeldspieler zu haben. Eigengewächse in diesem Bereich haben bei dem Verein mit Weltruf eine lange Tradition. Josep Guardiola und Iván de la Peña, in jüngeren Zeiten Xavi, aber auch der zum FC Arsenal abgewanderte Cesc Fàbregas und eben Andrés Iniesta sind leuchtende Beispiele hierfür. Über ihn als 16-Jährigen sagte der jetzige Cheftrainer Josep »Pep« Guardiola in einem Gespräch mit Xavi: »Andrés ist so gut, dass er uns alle in den Schatten stellen wird. Jeder Pass von ihm ergibt einen Sinn.«

Jetzt ziehen Xavi und Iniesta seit Jahren zusammen die Strippen im Mittelfeld der Barcelonesen und der Nationalmannschaft, gemeinsam haben sie alles erreicht, was im Fußball zu gewinnen ist: Welt- und Europameisterschaft, Champions League, nationale Titel. Der um vier Jahre jüngere Andrés hat einmal das Erfolgsrezept beschrieben, das beide in der Jugend-

---

Iniesta bleibt bodenständig

Trotz einer Karriere von Weltruf ist Andrés Iniesta immer ein bodenständiger Mensch geblieben. Seine Heimatgemeinde Fuentealbilla, ein Dorf mit 2000 Einwohnern, das rund 450 Kilometer von Barcelona entfernt liegt, hat 2008 eine Straße nach ihm benannt. Ein Jahr später hat der berühmte Sohn dort ein Haus gebaut und übernachtet seitdem immer, wenn es sein eng gesteckter Zeitplan zulässt, in der Calle Andrés Iniesta Nr. 1. An einen Vereinswechsel denkt er nicht. Als Real Madrid 2007 eine Ablöse von 60 Millionen Euro für ihn bot, verlängerten er und der Verein den Vertrag schon einmal bis 2015: »Wenn ich sage, dass ich bei Barcelona meine Karriere beenden möchte, dann meine ich das auch von ganzem Herzen.«

> »Andrés gehört zum Herz des FC Barcelona. Er ist ein Schlüsselspieler bei uns. Wir werden ihn nie verkaufen.«
> Joan Laporta, Präsident des FC

MITTELFELDSPIELER

Das Final-Tor in der Entstehung: Andrés Iniesta zieht ab, Rafael van der Vaart fliegt heran, um das Schlimmste zu verhindern.

schule des FC bis in die kleinste Faser ihres Körpers eingeübt haben: »Annehmen, passen, anbieten, annehmen, passen, anbieten.« Genial einfach und einfach genial, des Ei des Kolumbus im Fußball. Giovanni van Bronckhorst, Kapitän von Spaniens Finalgegner Holland und selbst von 2003 bis 2007 in Barcelona unter Vertrag, charakterisiert die beiden nur 1,70 Meter großen Fußball-Zwillinge so: »Xavi und Iniesta scheinen immer zu wissen, wo der andere gerade ist. Diese beiden haben alles – Technik, die Fähigkeit, Tore zu erzielen, den tödlichen Pass zu spielen. Sie sind die perfekten Mittelfeldspieler.« Im Endspiel von Johannesburg musste van Bronckhorst leidvoll erfahren, dass er mit seiner Einschätzung zu einhundert Prozent richtig lag.

Nach seinem Treffer zum 1:0 nutzte Andrés Iniesta die Gunst der Stunde noch zu einer großen menschlichen Geste. Er riss sich an der Eckfahne das Trikot vom Leib und präsentierte den fast 85 000 Zuschauern ein T-Shirt mit der Aufschrift »Dani Jarque siempre con nosotros« – Dani Jarque immer mit uns. Die beiden Fußballer waren Jugendfreunde gewesen

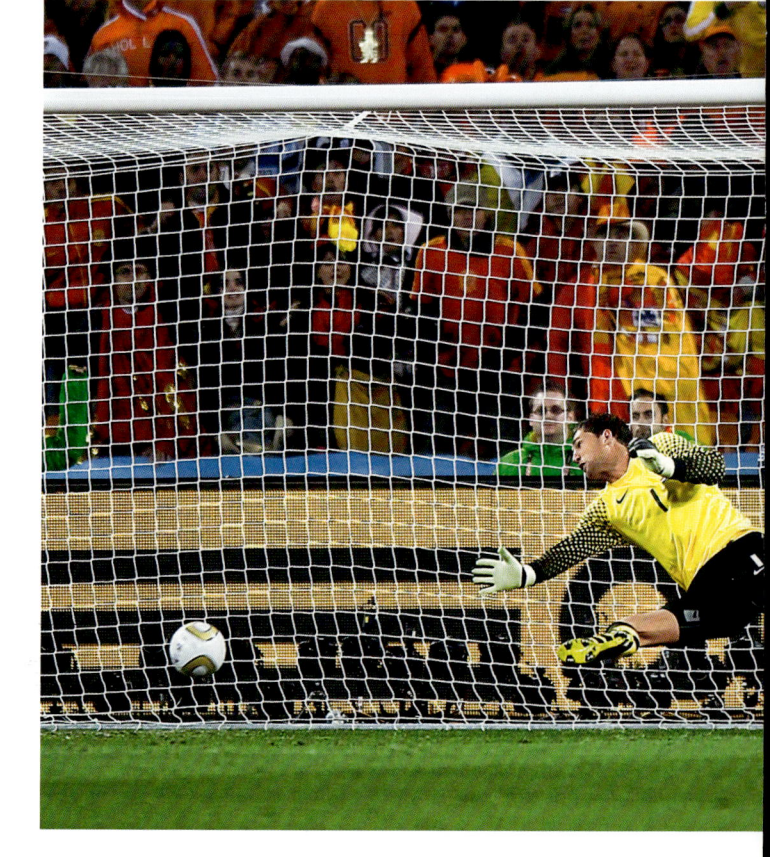

INIESTA

Ausgelassen: Andrés Iniesta reckt den Weltpokal in die Luft, ganz Spanien jubelt.

Die persönliche WM-Bilanz
WM-Spiele: 7
Spielminuten: 557
Tore: 2
Assists: 0
Torschüsse: 11
Schüsse auf das Tor: 5
Pässe: 382
Angekommene Pässe: 278 (73%)
Fouls: 8
Gefoult worden: 26
Gelaufene Kilometer: 66,08
Höchstgeschwindigkeit: 24,83
Man of the Match: Gegen Chile (2:1), Paraguay (1:0) und Holland (1:0)

Die persönliche Erfolgsbilanz
Weltmeister: 2010
Europameister: 2008
Vize-Juniorenweltmeister: 2003
U-19-Europameister: 2002
U-16-Europameister: 2001
Champions-League-Sieger: 2009, 2006
Spanischer Meister: 2010, 2009, 2006 2005
Spanischer Pokalsieger: 2009

Das Final-Tor im Abschluss: Van der Vaart kommt zu spät, der Ball ist zum 1:0 für Spanien unterwegs, auch Torhüter Maarten Stekelenburg kann es nicht verhindern.

und hatten bei Reisen mit den Junioren-Auswahlmannschaften immer das Zimmer geteilt. Dani Jarque war am 8. August 2009 im Trainingslager von Espanyol Barcelona während eines Telefonats mit seiner Freundin an Herzversagen gestorben. Andrés Iniesta: »Es hatte bis dahin nie den richtigen Moment gegeben, ihm eine Hommage zu machen.«

Späte wichtige Tore
Andrés Iniestas 1:0 gegen Holland in der 116. Minute war das späteste Siegtor in einem WM-Finale, das jemals geschossen wurde. Überhaupt ist Spaniens Matchwinner ein Freund wichtiger Treffer, wenn sich große Spiele dem Ende entgegen neigen. Im Jahr 2009 erzielte er beim FC Chelsea in der dritten Minute der Nachspielzeit per Dropkick das 1:1 und brachte so seinen FC in das Finale der Champions League. Dieses gewannen die Barcelonesen gegen Manchester United mit 2:0.

MITTELFELDSPIELER

> »2014 in Brasilien werden wir auf jeden Fall angreifen. Nach dieser WM 2010 und bei unseren Perspektiven kann es kein anderes Ziel geben.«
>
> Thomas Müller

MÜLLER

Der Müller-Beckenbauer-Ballack-Netzer-Overath

MITTELFELDSPIELER

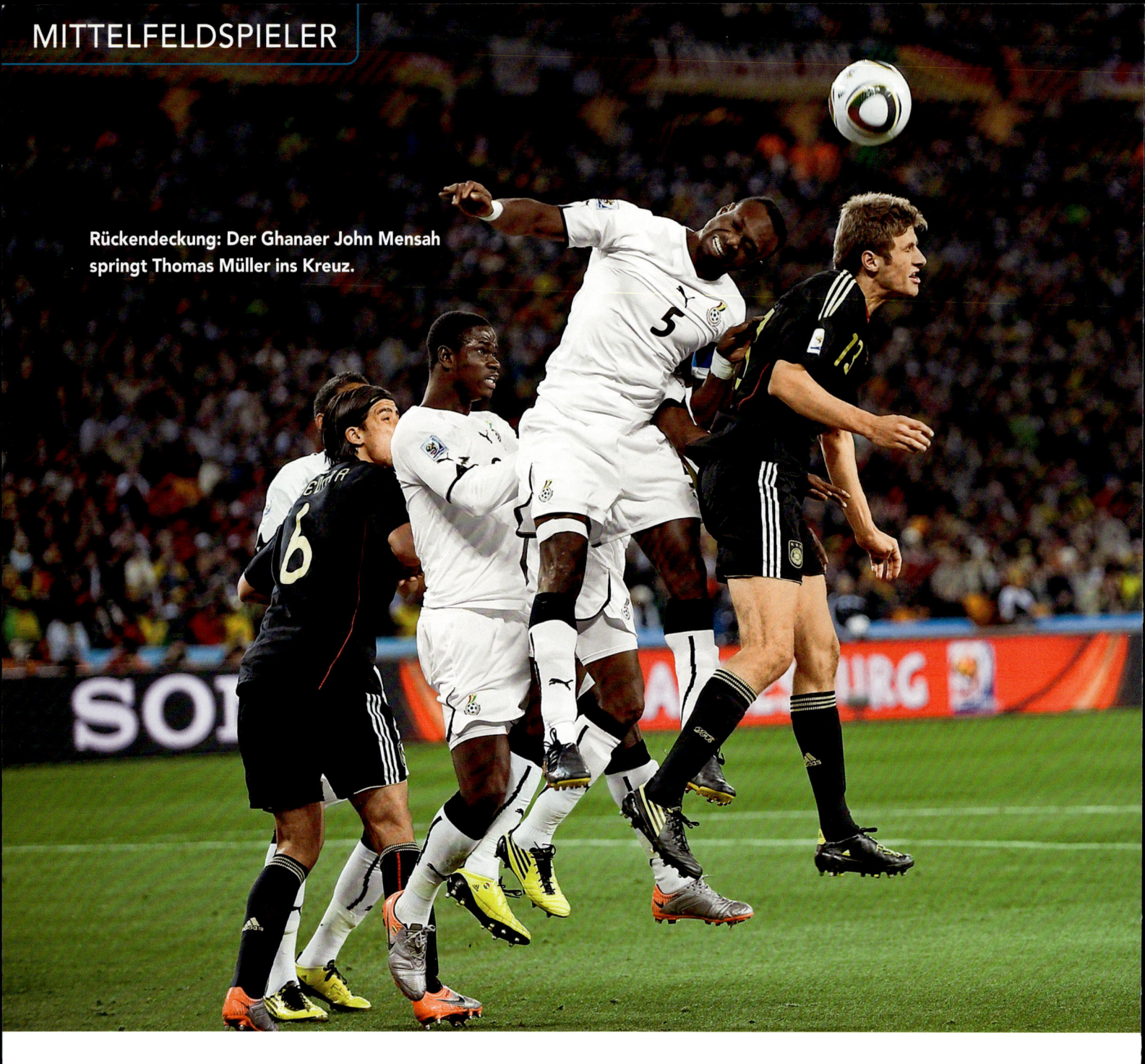

Rückendeckung: Der Ghanaer John Mensah springt Thomas Müller ins Kreuz.

1. März 2009: Nulle – Wallschläger, R. Müller, Riemer, Ra. Schmidt – Hansen – Ullmann, Ziegner, Eckardt, Fuchs – Hähnge. Gegen diese Mannschaft spielt Thomas Müller mit dem FC Bayern II an diesem Tag. Es ist die des FC Carl Zeiss Jena, die in der 3. Liga an den Start geht. Die Münchner gewinnen auswärts mit 2:0, Müller erzielt in der zweiten Minute der Nachspielzeit den Endstand.

3. März 2010: Romero – Otamendi, Demichelis, Samuel, Heinze – Mascherano – Gutiérrez, Verón, di María – Messi, Higuaín. Gegen diese Mannschaft spielt Thomas Müller mit Deutschland an diesem Tag. Es ist die argentinische Nationalelf. Der Test in München endet 0:1. Müller wird in der 67. Minute gegen Toni Kroos ausgewechselt. Dennoch bitten die Journalisten ihn zur Pressekonferenz, weil er sein Debüt im Nationaltrikot gegeben hat. Er sitzt schon auf dem Podest, als Diego Maradona den Saal betritt. Voller Euphorie über den Sieg, bereit, sich feiern zu

> **Manchmal geht mir selbst alles ein bisschen schnell. Aber ich spiele deswegen ja nicht mit Absicht schlecht.**
> Thomas Müller

lassen. Doch was tut dieser ihm unbekannte Jüngling da und wer ist er überhaupt? Argentiniens Nationalheld poltert lautstark los, macht auf dem Absatz kehrt und verlässt den Raum wieder. Müller spürt, dass et-

Bundesligaduell: Thomas Müller gegen Neven Subotic, serbischer Nationalspieler von Borussia Dortmund.

was nicht stimmt und geht auch. Maradona kommt zurück. Erst später erfährt er, dass er einen gegnerischen Spieler verjagt hat und entschuldigt sich am nächsten Tag.

3. Juli 2010: Romero – Otamendi, Demichelis, Burdisso, Heinze – Mascherano – Maxi Rodríguez, di María – Messi – Higuaín, Tevez. Gegen diese Mannschaft spielt Thomas Müller an diesem Tag. Richtig, es ist erneut die argentinische Nationalelf. Mit 4:0 fegen Jogi Löws Jungs im Viertelfinale der

>> **Wie kaltschnäuzig er seine Chancen verwertet als 20-Jähriger, das ist schon imponierend.** <<
Jogi Löw

Weltmeisterschaft die Südamerikaner vom Platz. Müller hat schon in der 3. Minute die Führung erzielt und damit den Weg freigemacht für einen der größten deutschen Siege aller Zeiten. »Ich weiß nicht, was morgen ist. Diese Niederlage ist die größte meiner Karriere, sie ist wie ein Schlag von Muhammad Ali«, sagt ein konsternierter Diego Maradona auf der Pressekonferenz.

Immerhin, er kennt jetzt Thomas Müller genau. Doch der Angreifer der Bayern musste auch einen

Der Nachfolger von Lukas Podolski

Thomas Müller gewann bei der WM nicht nur den Goldenen Schuh für den erfolgreichsten Torschützen, der 20-Jährige wurde auch als »Bester Junger Spieler« der WM geehrt. Er ist damit Nachfolger von Lukas Podolski, der 2006 in Deutschland diesen Titel gewann. Die Vorgänger der beiden Deutschen bei dieser im Jahr 1958 eingeführten Wahl sind: Landon Donovan (USA, 2002), Michael Owen (England, 1998), Marc Overmars (Holland, 1994), Robert Prosinecki (Jugoslawien, 1990), Enzo Scifo (Belgien, 1986), Manuel Amoros (Frankreich, 1982), Antonio Cabrini (Italien, 1978), Wladyslaw Zmuda (Polen, 1974), Teofilo Cubillas (Peru, 1970), Franz Beckenbauer (Deutschland, 1966), Florian Albert (Ungarn, 1962) und Pelé (Brasilien (1958).

MITTELFELDSPIELER

Thomas Müller und seine Vorgänger

Neben Thomas Müller beendeten drei weitere Spieler die WM mit fünf Treffern: Wesley Sneijder, David Villa und Diego Forlán. Weil der Münchner die meisten Assists verzeichnete, wurde er von der FIFA mit dem Goldenen Schuh ausgezeichnet. Die Übersicht über die besten Torschützen der früheren Weltmeisterschaften:

WM	Bester Torschütze (Land, Tore)
2010	Thomas Müller (Deutschland, 5)
2006	Miroslav Klose (Deutschland, 5)
2002	Ronaldo (Brasilien, 8)
1998	Davor Šuker (Kroatien), Oleg Salenko (Russland, beide 6)
1994	Hristo Stoichkov (Bulgarien, 6)
1990	Salvatore Schillaci (Italien, 6)
1986	Gary Lineker (England, 6)
1982	Paolo Rossi (Italien, 6)
1978	Mario Kempes (Argentinien, 6)
1974	Grzegorz Lato (Polen, 7)
1970	Gerd Müller (Deutschland, 10)
1966	Eusébio (Portugal, 9)
1962	Vavá, Garrincha (beide Brasilien), Valentin Ivanov (UdSSR), Leonel Sánchez (Chile), Florian Albert (Ungarn), Dražan Jerkovic (Jugoslawien, alle 4)
1958	Just Fontaine (Frankreich, 13)
1954	Sándor Kocsis (Ungarn, 11)
1950	Ademir (Brasilien, 9)
1938	Leônidas (Brasilien, 7)
1934	Oldřich Nejedlý (CSSR, 5)
1930	Guillermo Stábile (Argentinien, 8)

schweren Rückschlag hinnehmen in dieser Partie. Er bekam von Schiedsrichter Irmatov aus Usbekistan die zweite Gelbe Karte im Verlauf des Turniers gezeigt, was eine Sperre im Halbfinale gegen Spanien zur Folge hatte. »Die Hand liegt am Körper. Da muss man kein Gelb geben«, ärgerte sich Bundestrainer Jogi Löw und übte sich in Zweckoptimismus: »Die letzten Spiele von Thomas Müller waren überragend. Aber wir werden ihn ersetzen können.« Doch das gelang nicht. Besonders dessen lange Läufe aus der Abwehr heraus, die zu seinen Toren beim 4:1 gegen England geführt hatten, fehlten beim 0:1 ge-

MÜLLER

Eingenetzt: Thomas Müller unmittelbar nach seinem 4:1 gegen England.

MITTELFELDSPIELER

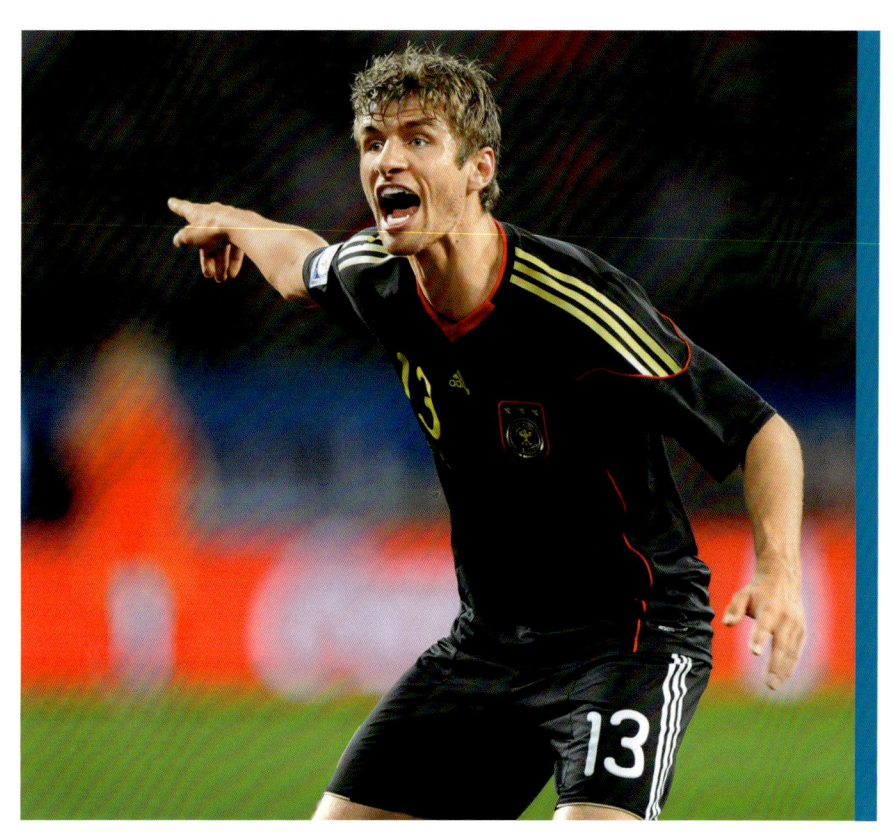

Die persönliche WM-Bilanz
WM-Spiele: 6
Spielminuten: 473
Tore: 5
Assists: 3
Torschüsse: 13
Schüsse auf das Tor: 5
Pässe: 241
Angekommene Pässe: 146 (61%)
Fouls: 5
Gefoult worden: 8
Gelaufene Kilometer: 56,93
Höchstgeschwindigkeit: 26,17
Man of the Match: Gegen England (4:1) und Uruguay (3:2)

Die persönliche Erfolgsbilanz
WM-Dritter: 2010
Deutscher Meister: 2010
Deutscher Pokalsieger: 2010

gen den späteren Weltmeister. Wegen dieser energischen Vorstöße verglichen Experten den Nachwuchsmann mit Günter Netzer, von dem es in den 70-er Jahren hieß: »Er kommt aus der Tiefe des Raums« Im Spiel um Platz drei eröffnete Müller beim 3:2-Erfolg über Uruguay noch einmal den Torreigen, was gleich zu zwei Auszeichnungen führte: Der Münchner wurde zum »Besten Jungen Spieler« des Turniers gewählt und bekam den »Goldenen Schuh« für den erfolgreichsten Torschützen des WM 2010.

Unbekümmertheit, Instinkt, Frechheit, Tempo, Entschlossenheit, Gefühl für den Raum, ein Näschen beim Abschluss – alles Merkmale, die die große weite Fußballwelt dem Senkrechtstarter zuschrieb. Was für eine Saison lag hinter ihm: Louis van Gaal hatte ihn in München zum Stammspieler erkoren, der in 32 von 34 Bundesligapartien zum Einsatz gekommen war, das nationale Double gewonnen und im Finale der Champions League gestanden hatte.

Doch um das Phänomen Thomas Müller anschaulich und plastisch werden zu lassen, wurden unzählige Vergleiche zu deutschen Größen früherer Tage gezogen. Natürlich zur Torjägerlegende Gerd Müller, allein schon wegen des Namens, aber auch wegen der gleichen Rückennummer im Nationaltrikot und wegen der Schusshaltung beim Treffer zum 3:0 gegen Australien. Mit Wucht aus der Drehung, so hatte »kleines dickes Müller« 1974 im Finale von München das 2:1 gegen die Holländer erzielt und damit den zweiten WM-Titel in der deutschen Geschichte sichergestellt. Die »13« war es auch, die Parallelen zum ak-

> »Wir spielen Louis-van-Löw-Fußball.«
> Thomas Müller

MÜLLER

Ran an den Feind: Thomas Müller zwischen Diego Pérez (links) und Martín Cáceres aus Uruguay.

tuellen Kader herstellte. In ihr hätte Michael Ballack gesteckt, wenn er nicht verletzt gewesen wäre. Andere kamen über das Alter und gingen aus den Geschichtsbüchern hervor: Der letzte Zwanzigjährige vom FC Bayern, der in so jungen Jahren einem WM-Turnier seinen persönlichen Stempel aufgedrückt hätte, wäre 1966 Franz Beckenbauer gewesen. Der große Pelé fand noch andere Vorbilder für die deutschen Jungstars Müller und Özil: »Das sind Spieler wie Overath und Littbarski, sie können dribbeln, tödliche Pässe spielen und überraschende Momente kreieren. Es macht Spaß, ihnen zuzuschauen.«

Thomas Müller, der Müller-Beckenbauer-Ballack-Netzer-Overath.

MITTELFELDSPIELER

Schrecksekunde: Diego Forláns Freistoß gegen Deutschland landet in der letzten Minute an der Latte.

FORLÁN

Diego Forlán, Solotänzer mit sozialer Kompetenz

MITTELFELDSPIELER

Bei Statistikern und Abergläubigen herrschte Klarheit: 2010 würde ein WM-Jahr für Uruguay werden. 1930, beim ersten Weltturnier der Geschichte, waren die Südamerikaner als Titelträger in die Annalen eingegangen, ebenso 1950. Nach einer 0:1-Niederlage im kleinen Finale gegen Deutschland wurden sie 1970 Vierter, den gleichen Platz belegten sie jetzt in Südafrika. Erneut waren die Deutschen der letzte Gegner, diesmal endete das Spiel 2:3. Lediglich 1990, als die Urus schon im Achtelfinale mit 0:2 am Veranstalter Italien scheiterten, durchbrachen sie die Goldene Regel: Immer wenn sich ein Jahrzehnt komplettiert, leistet Uruguay Großes bei einer Fußball-Weltmeisterschaft – und auch nur dann.

Dennoch kam der vom Diktat der nackten Zahlen vorgegebene Erfolg überraschend – war die Mannschaft von Trainer Oscar Tabarez doch nur mit Mühen durch die Mühlen der Qualifikation gekommen und hatte sich als Fünfter in Südamerika quasi in der Verlängerung mit 1:0 und 1:1 gegen den Vierten aus Nord- und Mittelamerika, Costa Rica, durchgesetzt. Der Erfolgsweg von Südafrika, der erst im Halbfinale gegen die Niederländer endete, hatte einen Vater, dessen private und sportliche Vita von Rück- und Schicksalsschlägen durchsetzt war. Niemand wäre im Voraus verlässlich zu prognostizieren in der Lage gewesen, dass seine Karriere nun wieder einen ihrer ebenfalls zahlreichen Höhepunkte nehmen sollte: Diego Forlán.

Torschuss mit rechts: Diego Forlán erzielt das 1:0 gegen Südafrika.

FORLÁN

Flanke mit links: Diego Forlán bringt den Ball vor dem Mexikaner Ricardo Osorio nach innen.

Als kausale Ursache für dessen große Laufbahn gilt ein schwerer Autounfall seiner Schwester Alejandra. Sie ist seitdem an einen Rollstuhl gefesselt, nachdem sie zunächst in höchster Lebensgefahr geschwebt hatte und sechs Monate lang künstlich beatmet worden war. Diego, damals zehn Jahre alt, beschloss, Fußballprofi zu werden, um viel Geld zu verdienen und Menschen in Not helfen zu können. Dies tut er jetzt, unter anderem mit der 2009 von seiner Schwester und ihm gegründeten Fundación Alejandra Forlán. »Meine Schwester ist ein Beispiel, wie man ein schweres Schicksal überwinden kann. Meine Eltern haben mir Verantwortung beigebracht«, begründet Forlán seine karitativen Aktivitäten.

> »Der einzige Vorwurf, den wir uns machen lassen müssen, ist, dass wir ihn viel zu günstig verkauft haben. Er hätte hier zum Helden werden können, denn er ist ein toller Mensch und ein vorbildlicher Profi.«
> Alex Ferguson, Trainer von Manchester United

Zudem hatte er bei seiner Geburt gute Gene mitbekommen. Der Plan des Jünglings, eine große Fußballer-Karriere in Angriff zu nehmen, erschien daher nicht, so wie bei vielen Altersgenossen, eine präpubertäre Utopie bleiben zu müssen. Vater Pablo spielte Verteidiger in der Mannschaft Uruguays, die 1970 WM-Vierter geworden war, der Opa Juan Carlos Corazzo darf sich immerhin Südamerikameister nennen, auch die Onkel José Pastoriza und Ricardo Bochini waren Profis beim Club Atlético Independiente gewesen, dem zweimaligen Weltpokalsieger aus Buenos Aires. Diego hätte auch ein passabler Tennisspieler werden können, genug Talent dafür hatte er.

MITTELFELDSPIELER

Aber die Zukunft sollte Fußball heißen.

Eine weise Entscheidung. Denn Diego Forlán ging schnell seinen Weg. Über die Stationen CA Peñarol und Danubio FC in Uruguay landete er ebenfalls beim argentinischen Vorzeigeverein Independiente. Dort wurden europäische Späher auf den wieselflinken und schussgewaltigen Angreifer aufmerksam. 2002, im Jahr seines Debüts für die Nationalmannschaft Uruguays, wechselte Forlán für elf Millionen Euro zu Manchester United, wo er allerdings nicht glücklich wurde. Es dauerte geschlagene acht Monate, ehe ihm sein erster Treffer gelang. Bei den britischen Fans kamen T-Shirts mit der hämischen Aufschrift »Ich war dabei, als Forlán ein Tor schoss« in Mode. Nach zweieinhalb Jahren zog es den glücklosen Stürmer nach Spanien weiter, wo auch sein Schwester Alejandra lebte. Dort blühte Diego Forlán wieder auf und wurde beim FC Villareal (2005) sowie bei Atletico Madrid (2009) jeweils spanischer Torschützenkönig und Gewinner des Goldenen Schuhs für den weltweit erfolgreichsten Stürmer.

Die Krone setzte sich der blonde Windhund im Jahr 2010 auf. In Zeiten, da die Mannschaft als der Star gilt und sich das Individuum immer mehr dem Kollektiv unterordnen muss, schoss er seine beiden Teams praktisch im Alleingang zu großartigen Erfolgen.

> »Diego gibt jungen Menschen ein Beispiel, wie es ist, als Familienmitglied so eine Tragödie zu erleben. Ich genieße jeden Tag, den ich an seiner Seite verbringen darf.«
>
> Alejandra Forlán

Spitzentanz: Diego Forlán zaubert vor dem Südkoreaner Sung-Yong Ki.

FORLÁN

MITTELFELDSPIELER

Tor gegen Holland: Diego Forlán erzielt das 1:1, rechts Joris Mathijsen.

Tor gegen Deutschland: Diego Forlán nach seinem Volleyschuss zum 2:1 für Uruguay. Links Martín Cáceres.

FORLÁN

Die persönliche WM-Bilanz
WM-Spiele: 7
Spielminuten: 654
Tore: 5
Assists: 1
Torschüsse: 32
Schüsse auf das Tor: 15
Pässe: 309
Angekommene Pässe: 167 (54%)
Fouls: 2
Gefoult worden: 2
Gelaufene Kilometer: 72,68
Höchstgeschwindigkeit: 28,38
Man of the Match: Gegen Frankreich (0:0), Südafrika (3:0) und Ghana (1:1).

Die persönliche Erfolgsbilanz
WM-Vierter: 2010
Bester Spieler der WM: 2010
Europa-League-Sieger: 2010
Englischer Meister: 2003
Goldener Schuh der UEFA: 2009, 2005
Spanischer Torschützenkönig: 2009, 2005

Dank seiner Treffer beim 2:1-Erfolg nach Verlängerung über den FC Fulham im Finale in Hamburg ging Atlético Madrid als erster Gewinner der neu gegründeten Europa League in die Geschichte ein. Die spanischen Fans feierten Forlán noch lange nach dem Abpfiff mit »Diego, Diego«-Rufen. Er bedankte sich bescheiden mit den Worten »Tore schießen ist meine Aufgabe. Schön, dass ich sie heute so gut erledigen konnte.« Dann machte er sich auf, um sein Land in Südafrika auf den vierten Platz zu hieven. Fünf Treffer gelangen Diego Forlán bei dem Turnier, der schönste sicherlich im Spiel um Platz drei gegen Deutschland mit einer herrlichen Direktabnahme. Außer ihm blieb kaum ein Spieler Uruguays im Gedächtnis haften.

Eine herausragende Einzelleistung, welche die vor Ort versammelten Journalisten mit der Wahl zum besten Spieler der Weltmeisterschaft 2010 honorierten. Diego Forlán, der Solotänzer mit der hohen sozialen Kompetenz, ist der erste Fußballer, dem diese 1982 eingeführte Ehrung zuteil wurde, obwohl er nicht im Endspiel stand. Entsprechend groß war seine Freude: »Ich hatte eher damit gerechnet, dass ich als

Eine Hexe mit altem Peugeot
Nicht nur sein soziales Engagement belegt, dass Diego Forlán in kein Schema zu pressen ist. Auch sein Spitzname ist ungewöhnlich: Cachavacha nennen sie ihn in Uruguay, der Name einer Hexe in einer Zeichentrickserie. Seine Nachbarn im noblen Madrider Vorort Las Rozas wundern sich, dass der vermögende Fußballer standhaft einen alten Peugeot 205 sein eigen nennt. Da scheint es schon fast normal, dass der blonde Jüngling vier Sprachen spricht, Wirtschaft studiert hat und dass kurz vor dem Turnier ein Buch von ihm erschienen ist. Titel: Uruguayo – Die Diego Forlán Biografie.

Stürmer vielleicht um den Goldenen Schuh kämpfen kann, und ich war ja auch nicht weit davon entfernt. Das hätte ich als normaler empfunden. Aber als bester Spieler ausgezeichnet zu werden … Ich genieße es und bin sehr glücklich darüber. Das ist noch eine weitere Auszeichnung für diese Sternstunde des uruguayischen Fußballs.«

MITTELFELDSPIELER

Der Unterschied zwischen Mesut Özil und Kevin-Prince Boateng

IM BLICKFELD

>> **Auf einen Spieler wie Mesut Özil haben wir seit Jahren gewartet.** <<

Thomas Häßler, Weltmeister von 1990

MITTELFELDSPIELER

Es war ein Schuss wie ein Strich. Er erfüllte Millionen von Menschen mit Freude, Euphorie und Stolz. In der 55. Minute des Eröffnungsspiels erzielte Siphiwe Tshabalala das 1:0 für die Mannschaft des Veranstalters Südafrika gegen Mexiko, mit links in den rechten Winkel, ganz Afrika jubelte. Doch die Mittelamerikaner kamen noch zum Ausgleich, und das 1:1-Endergebnis glich einer Prognose für das Abschneiden der Teams vom schwarzen Kontinent. Für die »Bafana Bafana« war nach der Gruppenphase Endstation, und bis auf Ghana enttäuschten alle afrikanischen Mannschaften mehr oder minder stark.

> »Wir haben es als große Ehre empfunden, als Gastgeber hier spielen zu dürfen. Die Atmosphäre war super, das erlebst du nicht jede Woche.«
> Siphiwe Tshabalala

sche entschied, stand stellvertretend für die große Fraktion von Fußballern mit Migrationshintergrund im Kader von Jogi Löw. Gerade diesen schrieb man die Spielfreude und den technisch hohen Standard des Turnierdritten zu, im Gegensatz zu den deutschen Mannschaften früherer Jahre, die meist durch teutonische Primärtugenden wie Einsatzwille und Kampfgeist beeindruckt hatten. Seine ganz persönliche Sternstunde hatte Özil im letzten Gruppenspiel. Siegen oder fliegen hieß es gegen Ghana, und der Bremer

Der Schuss ins Glück: Südafrikas Siphiwe Tshabalala haut den Ball mit links in den rechten Winkel. Das erste Tor der WM.

Das kann man von Mesut Özil nicht behaupten. Der 21-Jährige, der auch für die türkische Nationalelf hätte spielen können, ehe er sich für die deut-

vergab in der 25. Minute eine Riesenchance, als er freistehend an Torhüter Kingson scheiterte. Doch nach einer Stunde machte der Filigrantechniker seine Fauxpas wieder wett, als er mit seinem linken Fuß einen satten Spannstoß abfeuerte, der wie an der Schnur gezogen ins Tor flog.

IM BLICKFELD

Artistisch: Die Flugeinlage von Kevin-Prince Boateng gegen Uruguay bleibt unbelohnt.

Auch Kevin-Prince Boateng hätte für den DFB zum Einsatz kommen können, er hatte alle Jugendauswahlmannschaften des Verbandes durchlaufen. Der Unterschied zu Mesut Özil: Der Berliner spielte gegen Deutschland und damit auch gegen seinen Halbbruder Jerome – mehrfach. Er trat, und er trat an. Wegen seiner üblen Attacke verletzte sich Michael Ballack Mitte Mai im FA-Cup-Endspiel Chelsea gegen Portsmouth und verpasste die WM. Kevin-Prince gab erst am 5. Juni 2010 sein Debüt für Ghana und war somit Gruppengegner der Löw-Elf. Ihm kam die schwierige Rolle zu, den verletzten Superstar Michael Essien zu ersetzen. Das tat Boateng in beeindruckender Manier, schon in seinem zweiten Länderspieleinsatz schwang er sich zum Leader seines Teams auf.

> **»Ich würde gerne so werden wie Zinédine Zidane. Ihn habe ich immer bewundert. Er hatte diese Ruhe am Ball, war so locker und so zielstrebig.«**
> Mesut Özil

An einer schweren Verletzung beteiligt war auch der Brasilianer Elano. Allerdings erwischte es ihn im Gegensatz zu Kevin-Prince Boateng selbst. Im zweiten Spiel der Südamerikaner gegen die Elfenbeinküste streckte Ismael Tioté ihn mit einem üblen Tritt nieder, nur vier Minuten nach dem bereits zweiten Turniertreffer des 29-Jährigen von Galatasaray Istanbul. Unmittelbar nach dem Abpfiff glaubte Elano noch, mit dem Schrecken davongekommen zu sein und schrieb dies der Tatsache zu, dass er seine Schienbeinschoner mit den Namen seiner Töchter versehen hatte. Doch er kam nicht mehr auf die Füße und mus-

MITTELFELDSPIELER

Freude: Der Brasilianer Elano nach seinem Treffer zum 2:0 gegen Nordkorea.

ste ohne weiteren Einsatz den Heimflug antreten. Für viele Experten eine entscheidende Schwächung des Rekordweltmeisters.

Die Gunst der Stunde nutzte dagegen der Portugiese Tiago. Weil der Stratege Deco angeschlagen war und auch Ärger mit Trainer Carlos Queiroz hatte, der Auftakt zudem mit dem 0:0 gegen die Elfenbeinküste offensiv kein Glanzstück gewesen war, bekam der 29-Jährige von Atlético Madrid im zweiten Gruppenspiel der Westeuropäer gegen Nordkorea seine Chance. Er nahm sie mit Bravour wahr, erzielte den vierten und den siebten Treffer selbst, bereitete den ersten durch Raul Meireles direkt vor und war der Ursprung des dritten durch Hugo Almeida. Das 7:0 Portugals ging als höchster Sieg der WM 2010 in die Geschichtsbücher ein.

Trauer: Elano wird nach dem üblen Tritt von Ismael Tioté vom Platz getragen. Die WM ist für ihn vorbei.

IM BLICKFELD

Chance genutzt: Der Portugiese Tiago führt sein Mannschaft gegen Nordkorea zum höchsten Sieg der WM 2010.

STÜRMER

ROBBEN

Arjen Robben, der Unvollendete

»Robben ist unheimlich schnell und kreativ. Wenn er auf einen Gegenspieler zuläuft und dann urplötzlich sein Gewicht verlagert, ist er kaum zu stoppen.«
Bert van Marwijk, Hollands Trainer

STÜRMER

Am Ende blieb Arjen Robben wieder die ungeliebte Rolle des Unvollendeten. »Ich habe vor kurzem erst ein Finale verloren. Das passiert mir kein zweites Mal«, sagte der Flügelflitzer trotzig nach dem 3:2 über Uruguay im sechsten und vorletzten WM-Spiel der Holländer. Robben nahm Bezug auf das Endspiel der Champions League am 22. Mai in Madrid, in dem er und der FC Bayern München mit 0:2 gegen Inter Mailand den Kürzeren gezogen hatten. Seinem Nebenmann in der Nationalelf, Wesley Sneijder, war damit das Triple gelungen, ihm selbst war es versagt geblieben.

> » Als ich Robben in der Aufstellung sah, wusste ich, dass er Holland um 50 Prozent stärker macht. Er ist einfach genial. «
>
> Vladimir Weiss, Trainer der Slowakei

auch eine zweite Prognose von ihm geplatzt: »Wir wissen, dass wir immer ein Tor machen. Das haben wir bislang immer geschafft.« Arjen Robben, der Unvollendete. Dass es so kam, lag auch an ihm. Denn in den abschließenden 120 Minuten des Turniers fand er nicht weniger als viermal in Iker Casillas, dem Torwart der Iberer, seinen Meister. Arjen Robben, der Unvollendete. Vor dem Niederlagen-Doppel 2010 hatte er mit dem FC Chelsea zweimal im Halbfinale der Champions League gestanden und war ebenso oft gescheitert: 2005 und 2007 hatte der Gegner jeweils FC Liverpool geheißen.

Drei gegen eins: Die Slowaken Zabavník, Durica und Škrtel können Robbens Tor nicht verhindern.

Doch auch die finale WM-Partie in Johannesburg gegen Spanien sah den 26-Jährigen, der schon in vier großen europäischen Ligen Meister geworden war, als zweiten Sieger. Die Niederländer verloren in der Verlängerung mit 0:1, und mit diesem Ergebnis war

Dabei deutete in der abgelaufenen Saison lange alles darauf hin, als könne es diesmal klappen mit dem ganz großen Wurf. Am 28. August 2009 war Robben für 25 Millionen Euro von Real Madrid nach München gewechselt. Schon am Tag darauf gelangen ihm

ROBBEN

Wieder zweiter Sieger: Arjen Robben scheitert im Finale an Spaniens Torwart Iker Casillas.

als Einwechselspieler zwei Treffer gegen den amtierenden Deutschen Meister VfL Wolfsburg. Es war der Anfang einer innigen Liebesbeziehung zwischen den Bayern und dem Holländer. Dessen Tore sorgten für Erfolg und Spektakel, so etwa im Champions-League-Viertelfinale bei Manchester United, als er einen Eckball Franck Ribérys in der 74. Minute mit einem herrlichen Direktschuss im Gehäuse des Gegners unterbrachte oder im Halbfinale des DFB-Pokals bei Schalke 04, als ein Sololauf des Angreifers weit aus der eigenen Hälfte heraus in der 112. Minute für den 0:1-Endstand sorgte.

Selbst ein Störfall kurz vor der Weltmeisterschaft konnte Arjen Robben nicht aufhalten. Gegen Ende des Testspiels gegen Ungarn, es stand bereits 6:1, hatte sich der »Mann aus Glas«, wie er wegen häufiger Verletzung bei Chelsea und in Madrid genannt wurde, einen Muskelfaserriss zugezogen. Die WM-Teilnahme war in allerhöchster Gefahr, ganz Holland in größter Sorge. Robben arbeitete täglich intensiv viele Stunden lang mit mehreren Physiotherapeuten und einem privaten Heilkundler zusammen. »Vier bis sechs Wochen Pause wäre der normale Weg gewesen«, doch er feierte nach nur 19 Tagen im dritten Gruppenspiel gegen Kamerun sein Comeback – mit einem Paukenschlag. Sieben Minuten nach der Einwechslung flog sein Schuss an den Pfosten, Klaas-Jan Huntelaar staubte zum 2:1-Endstand ab.

Weitere vier Tage später präsentierte Robben im Achtelfinale gegen die Slowakei der staunenden Weltöffentlichkeit wieder einmal seine größte Spezialität. Mit dem Ball am Fuß zog er von der rechten Außenlinie aus im höchsten Tempo nach innen und brachte

STÜRMER

Obenauf: Arjen Robben mit Mark van Bommel (links) und Dirk Kuijt nach dem Sieg über Brasilien.

Einzelleistung war wie ein heftiges Gewitter nach einem schwül-heißen Sommertag: Jeder sieht es kommen, aber keiner kann es verhindern.

Doch es sind nicht nur die mit einem Volltreffer gekrönten spektakulären Einzelaktionen, die Arjen Robben so wertvoll machen. Beim 2:1 im Viertelfinale über Brasilien tauchte sein Name nicht unter den Torschützen auf, es wurde ihm auch kein Assist, keine direkt Vorarbeit zugeschrieben. Dennoch war er an allen entscheidenden Szenen unmittelbar beteiligt. Der Freistoß, den Wesley Sneijder zum Ausgleich verwandelte, wurde an ihm verursacht. Er brachte den Eckball in den Strafraum, den wiederum Sneijder nach einer Verlängerung durch Dirk Kuyt zum 2:1 ins Netz köpfte. Und als die Südamerikaner sich bei ihrer Aufholjagd um alle Chancen brachten, indem sie sich selbst dezimierten, war Robben das Opfer der Tätlichkeit von Felipe Melo gewesen. Eine Runde später beim Sieg über Uruguay war der Wert des Angreifers schon wieder offensichtlicher, als er und sein sportlicher Zwillingsbruder Sneijder mit einem Doppelschlag innerhalb von nur drei Minuten für die Entscheidung sorgten.

Arjen bedeutet im Holländischen »Der, der nach oben kam.« Dies gelang ihm 2010 sowohl mit der Nationalmannschaft als auch mit Bayern München. Er lieferte in beiden Teams großartige und wertvolle Beiträge für den Erfolg. Doch zu einem ersehnten Titelgewinn reichte es nicht ganz. Arjen Robben, der Unvollendete.

den Ball mit dem linken Fuß in der Nähe des kurzen Pfostens im Tor unter. Radoslav Zabavník, Ján Ďurica und Martin Škrtel versuchten gemeinsam vergeblich, ihn zu stören oder seinen Schuss abzublocken. Diese

Der Streit um die Schlabberhose

Um seinen für Verletzungen empfänglichen Muskelapparat zu schützen, zog Arjen Robben im Winter bei Bayern-Spielen lange Unterwäsche an. Eine richtige Schlabberhose in dunkelweiß, das er selbst als grau bezeichnete. Das höchst unmodische, aber effektive Kleidungsstück wurde zum Thema Nummer eins in der Bundesliga, zumal nach einiger Zeit bekannt wurde, dass er es eigentlich gar nicht tragen durfte. Denn die FIFA schreibt in solchen Fällen Farbgleichheit vor, und die Münchner treten meist in roten Sporthosen an. Zum Glück erledigte sich dieses heiße Thema von selbst, als die Temperaturen in Deutschland wieder anstiegen.

ROBBEN

>> Arjen Robben ist eine Bedrohung für jeden Gegner. Er bindet immer zwei, drei Leute. <<

Mark van Bommel

Die persönliche WM-Bilanz

WM-Spiele: 5
Spielminuten: 387
Tore: 2
Assists: 2
Torschüsse: 11
Schüsse auf das Tor: 8
Pässe: 169
Angekommene Pässe: 96 (57%)
Fouls: 6
Gefoult worden: 6
Gelaufene Kilometer: 41,9
Höchstgeschwindigkeit: 30,88
Man of the Match: Gegen die Slowakei (2:1)

Die persönliche Erfolgsbilanz

Vize-Weltmeister: 2010
Deutscher Meister: 2010
Deutscher Pokalsieger: 2010
Spanischer Meister: 2008
Englischer Meister: 2006, 2005
Englischer Pokalsieger: 2007
Holländischer Meister: 2003
Holländischer Pokalsieger: 2003

STÜRMER

Die wundersame Auferstehung des Miroslav Klose

Doppeltes Glück: Sylvia Klose mit den Zwillingen der beiden.

KLOSE

》Meine große Stärke ist, mich in schlechten Zeiten voll auf den Punkt zu konzentrieren. Und wenn es läuft, freue ich mich, dass es so ist.《

Miroslav Klose

STÜRMER

Es war wohl das spektakulärste Länderspieldoppel, das jemals einer deutschen Mannschaft gelungen war. Am 14. Juni 1970 hatte die Elf von Bundestrainer Helmut Schön im Viertelfinale der WM England nach einem 0:2-Rückstand noch in der Verlängerung mit 3:2 aus dem Rennen geworfen. Nur drei Tage später hieß der Gegner in der Gluthölle von Mexiko-City Italien. Karl-Heinz Schnellinger egalisierte in der 90. Minute den frühen Rückstand durch Boninsegna. In der Verlängerung führten beide Mannschaften je einmal, ehe Rivera mit seinem 4:3 die Squadra Azzurra ins Finale schoss, Deutschland wurde Turnierdritter. Der legendäre Gerd Müller erzielte in diesen beiden beispiellosen Krimis drei seiner insgesamt 14 WM-Treffer.

Drei seiner insgesamt 14 WM-Treffer erzielte auch Miroslav Klose beim Turnier in Südafrika in zwei Spielen. Diese waren nicht so spannend, aber nicht minder spektakulär wie die beiden Vorgänger von 1970. Am 27. Juni triumphierte Deutschland mit 4:1 im Achtelfinale über den Erzrivalen England. Nur 72 Stunden später hieß der Gegner in der nächsten Runde Argentinien. Mit 4:0 fiel das Ergebnis sogar noch höher und triumphaler aus. 8:1 Tore gegen zwei anerkannte Größen des Weltfußballs, mitreißender Angriffsfußball, verwirrende Spielzüge – Deutschland eroberte sich in 180 Spielminuten die Herzen der Fußballfans nicht nur zuhause, sondern rund um den Globus.

Mittendrin und nicht nur dabei: Miroslav Klose. Dabei war dies überhaupt nicht selbstverständlich. Um zu begreifen, was in diesen wenigen Tagen passierte, muss man die Geschichte der vier Weltmeisterschaften, die der 32-Jährige miterlebt hat, Revue passieren lassen.

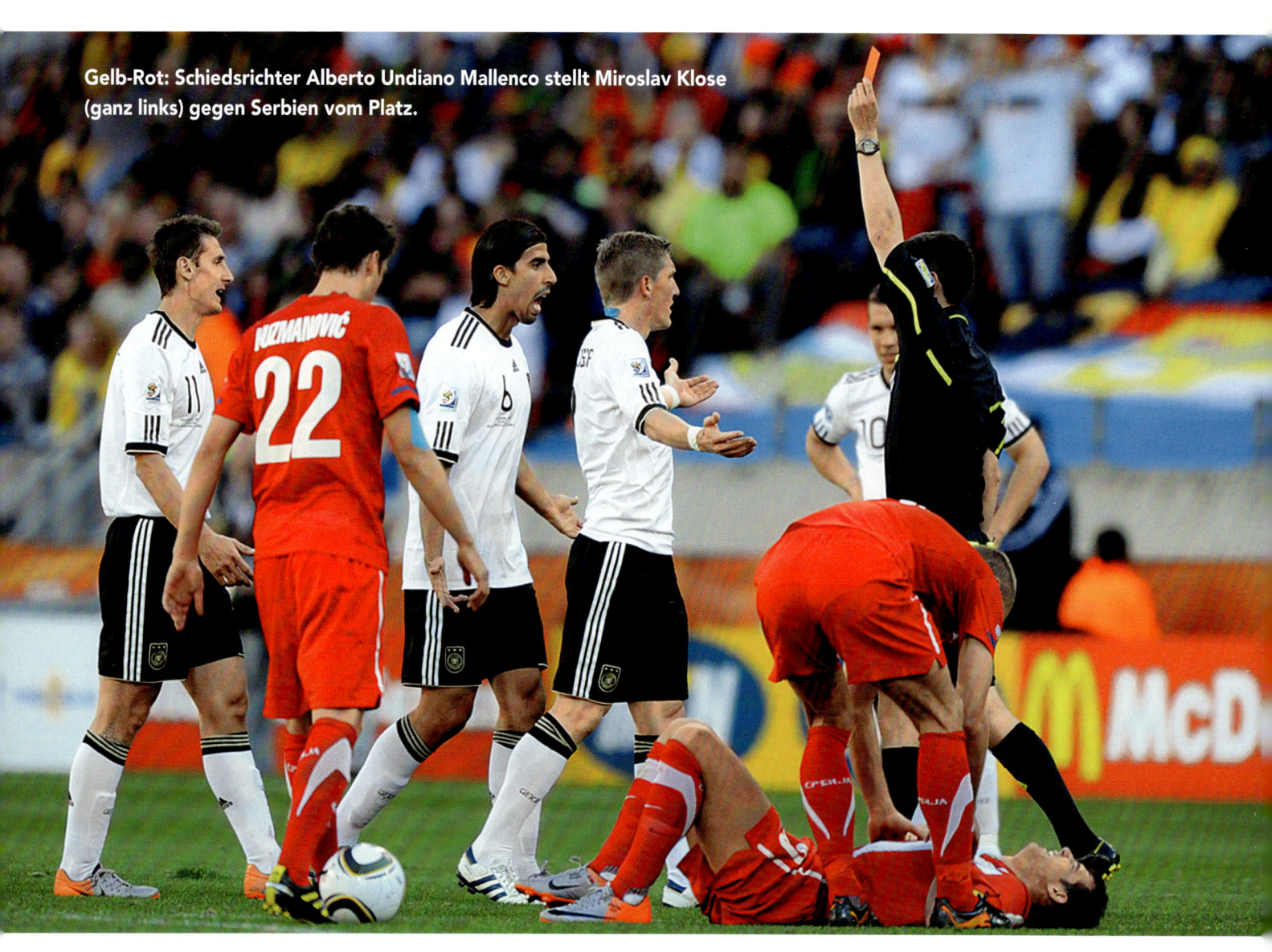

Gelb-Rot: Schiedsrichter Alberto Undiano Mallenco stellt Miroslav Klose (ganz links) gegen Serbien vom Platz.

KLOSE

Die Eröffnung: Miroslav Klose erzielt das 1:0 gegen England, David James ist geschlagen.

> »Er hat überragende Qualitäten. Daran habe ich nie gezweifelt. Er hat bei allen Turnieren – 2002, 2006 und 2010 – Klasseleistungen abgerufen Er hat jetzt 14 WM-Tore, das geht in die Geschichte ein.«
>
> Jogi Löw

Frankreich, 1998: Da nahm der 20-Jährige noch vor dem Fernsehapparat Platz, um die WM zu sehen. Ansonsten besuchte er im Trikot seines Idols Olaf Marschall Heimspiele des 1. FC Kaiserslautern und kickte in der Bezirksliga bei der SG Blaubach-Diedelkopf. Im April 2000 bestritt der Spätberufene sein erstes Bundesligaspiel für Kaiserslautern und feierte im März 2001 seinen Einstand in der Nationalmannschaft. Dabei gelang ihm in der WM-Qualifikation gegen Albanien der 2:1-Siegtreffer. Ein Kopfball auf beiden Knien, Ballhöhe circa 30 Zentimeter.

Der Platzverweis gegen Serbien

Schrecksekunde im zweiten Gruppenspiel gegen Serbien. Nach nur 37 Minuten schickte Schiedsrichter Alberto Undiano Mllenco Miroslav Klose nach dessen zweitem Foul mit der Gelb-Roten Karte vom Platz. Deutschland verlor in Unterzahl mit 0:1. Der Spanier hatte eine viel zu pedantische Regelauslegung an den Tag gelegt und mit Verwarnungen nur so um sich geworfen, so war nach seinem Abpfiff die einhellige Meinung. Klose fehlte natürlich in der nächsten Partie gegen Ghana, und auch im Spiel um Platz drei konnte er wegen einer Verletzung nicht mitwirken. Wer weiß – vielleicht hätte er ansonsten doch Ronaldo als ewigen WM-Torjäger ablösen können.

STÜRMER

Banger Blick: Klose schaut zur Außenlinie – Abseits?
Aber sein 2:0 gegen Argentinien und Torhüter
Sergio Romero ist gültig.

»Es gibt kein Geheimnis.
Es ist ganz einfach unheimlich wichtig,
dass der Trainer an einen glaubt.«
Miroslav Klose

Japan und Südkorea, 2002: Der Angreifer war zu einer festen Größe im deutschen Team geworden, nachdem er in den Vorbereitungsspielen gegen Israel (Hattrick in nur 13 Minuten) und Österreich jeweils drei Treffer erzielt hatte. Dies gelang ihm auch beim 8:0 über Saudi-Arabien zum Turnierauftakt. Fünfmal schlug Klose in der Vorrunde zu, aber danach stellte er die Produktion ein. Seine Kritiker warfen ihm vor, er träfe nur gegen schwächere Mannschaften. Immerhin reichte diese Marke, um den Silbernen Schuh zu gewinnen und hinter Ronaldo als zweitbester Schütze dieser WM in die Geschichte einzugehen.

Deutschland, 2006: Menschlich gereift und sportlich gewachsen war aus dem vier Jahre zuvor noch schüchtern wirkenden jungen Mann ein Führungsspieler geworden, dessen Wort in der Mannschaft Gewicht hatte. Leistungen wie beim 2:0 im Achtelfinale über Schweden oder sein Ausgleich in der nächsten Runde beim 1:1 gegen Argentinien, der den späteren Triumph im Elfmeterschießen erst ermöglich-

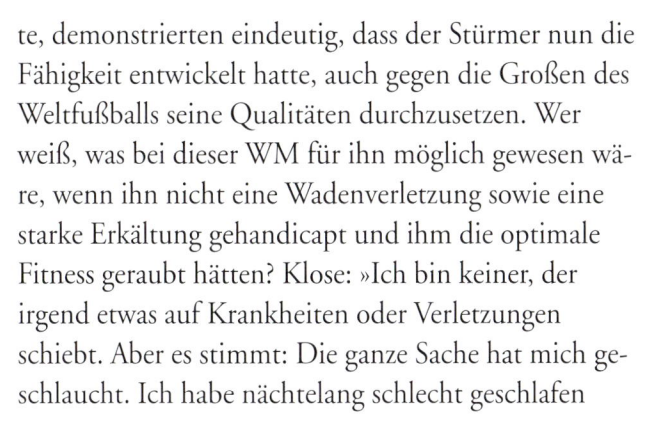

KLOSE

Vielfalt: Torjubel, mal per Salto, mal mit der Faust.

te, demonstrierten eindeutig, dass der Stürmer nun die Fähigkeit entwickelt hatte, auch gegen die Großen des Weltfußballs seine Qualitäten durchzusetzen. Wer weiß, was bei dieser WM für ihn möglich gewesen wäre, wenn ihn nicht eine Wadenverletzung sowie eine starke Erkältung gehandicapt und ihm die optimale Fitness geraubt hätten? Klose: »Ich bin keiner, der irgend etwas auf Krankheiten oder Verletzungen schiebt. Aber es stimmt: Die ganze Sache hat mich geschlaucht. Ich habe nächtelang schlecht geschlafen

STÜRMER

Handgreiflich: Miroslav Klose im Duell mit dem Spanier Sergio Busquets.

Die persönliche WM-Bilanz
WM-Spiele: 5
Spielminuten: 357
Tore: 4
Assists: 0
Torschüsse: 12
Schüsse auf das Tor: 8
Pässe: 98
Angekommene Pässe: 57 (58%)
Fouls: 11
Gefoult worden: 5
Gelaufene Kilometer: 36,41
Höchstgeschwindigkeit: 26,03

Die persönliche Erfolgsbilanz
Vize-Weltmeister: 2002
WM-Dritter: 2010, 2006
Vize-Europameister: 2008
Deutscher Meister: 2010, 2008
DFB-Pokalsieger: 2010, 2008

und war nicht mehr so bei Kräften, wie ich es mir gewünscht hätte.« Immerhin gewann er mit wiederum fünf Treffern jetzt sogar den Goldenen Schuh, und Rang drei war als Mannschaftserfolg auch nicht das schlechteste.

Südafrika 2010: Eine bitter schwache Saison beim FC Bayern München lag hinter Miroslav Klose: bei 25 Bundesligaeinsätzen wurde er 14-mal ein- und siebenmal ausgewechselt. Lediglich drei Treffer hatte der Stürmer erzielt und einmal die Vorarbeit für einen Kollegen geleistet. Das sind Werte eines Ergänzungsspielers und nicht die eines Mannes, dessen Name schon einmal auf dem ersten und einmal auf dem zweiten Platz der Torjägerliste bei einer WM gestanden hatte. Kritik wurde laut an Bundestrainer Jogi Löw, wie er denn auf einen Fußballer setzen könne, der ein geschlagenes Jahr lang weit hinter seinen Möglichkeiten und den öffentlichen Erwartungen zurückgeblieben war. Zumal der Leverkusener Stefan Kießling nur auf der Bank sitzen sollte und Kevin Kuranyi aus Schalke überhaupt nicht nominiert wurde. Beide hatten die ganze Saison lang erfolgreich um die Wette geballert. Doch Löw zog sein Ding unbeirrt gegen alle Einwände durch, wie auch bei Lukas Podolski, der mit nur zwei Treffern sogar noch erfolgloser gewesen war als Klose. Als das Turnier gegen Australien begann, stand Klose in der Anfangsformation. Schon hier steigerte sich Deutschland in einen Spielrausch und erzielte vier Treffer, dem Münchner gelang der zweite davon. Podolski hatte die Führung erzielt. Es war der Anfang einer wundersamen Auferstehung, in dem aufsehenerregenden Doppel gegen England und Argentinien feierte Miroslav Klose zwei außergewöhnliche Jubiläen: Der Stürmer absolvierte seine Länderspiele 99 und 100, dabei gelangen ihm die Treffer 50, 51 und 52.

Nummer zwei hinter Ronaldo
Mit seinen vier Treffern schob sich Miroslav Klose in der ewigen WM-Torjägerliste auf den zweiten Platz vor, den er gemeinsam mit Gerd Müller belegt. Beide waren 14-mal erfolgreich, der Brasilianer Ronaldo ist nach wie vor Spitzenreiter (15). Im Verlauf des Turniers überholte der Bayern-Stürmer den Franzosen Just Fontaine (13) und das brasilianische Idol Pelé (12). Klose hält Müller für relativ erfolgreicher als sich selbst: »Er hat für seine 14 Tore nur zwei Turnierteilnahmen gebraucht, ich dagegen drei.«

KLOSE

Gefährliches Bayern-Duo: Thomas Müller und Miroslav Klose.

STÜRMER

> »David ist überall und nirgends. Erst unsichtbar und dann im entscheidenden Moment am richtigen Ort.«
> Nationaltrainer Vincente del Bosque

VILLA

Wie Dionisio Cuetos David Villas Karriere rettete

STÜRMER

So kann man sich täuschen. »Es ist ein Fehler, David Villa jetzt zu holen. Man müsste ihn nach der WM holen, dann wird er billiger«, sagte Sandro Rosell vor dem Turnier. Es waren die Zeiten des Wahlkampfs beim FC Barcelona, es galt, den im Sommer scheidenden Präsidenten Joan Laporta zu beerben. Dieser hatte dem Verein schon frühzeitig die Dienste des Torjägers gesichert und dafür 40 Millionen Euro an den FC Valencia überwiesen. Aus kaufmännischer Sicht widerlegte die Weltmeisterschaft Rosell. Denn Villa kehrte als treffsicherster Schütze aller 736 bei dem Championat vertretenen Spieler zurück, er war dies gemeinsam mit dem Deutschen Thomas Müller und dem Holländer Wesley Sneijder. Seinen Marktwert hatte der 28-Jährige damit noch einmal kräftig erhöht.

Der schmächtige Stürmer hat einen Trend bestätigt und bewiesen, dass sein Erfolg zwei Jahre zuvor keine Eintagsfliege gewesen war. Bei der EM 2008 hatte er sich mit vier Treffern die alleinige Torjägerkrone aufgesetzt. Auch bei der WM 2006 in Deutschland waren ihm schon drei Erfolge gelungen, obwohl er da noch keinen Stammplatz in der spanischen Nationalmannschaft besaß. Dort gehört er inzwischen längst zu den Arrivierten und den Leistungsträgern. Aber nicht nur das. Mit seinen 41 Treffern ist er Raúl, dem erfolgreichsten iberischen Goalgetter aller Zeiten, dicht auf den Fersen. Die Ikone von Real Madrid hat 44 Einschläge in 102 Länderspielen auf ihrem Konto. Da Villa bisher nur auf 65 Einsätze kommt, ist er relativ gesehen sogar schon besser. Auch 107 Torerfolge in 166 Erstligaspielen sind Werte eines überragenden Stürmer, zumal der kom-

Lieblingsbeschäftigung: David Villa jubelt mal wieder über ein Tor, es war das 1:0 gegen Honduras.

»Für einen Mittelfeldspieler ist David ein permanenter Glücksfall.«
Andrés Iniesta

Gefährlich: Hat David Villa auch nur den geringsten Raum, zieht er sofort ab.

mende Barcelonese bisher nie bei einem absoluten Top-Klub gespielt hat.

Dabei schien seine weitere Fußballer-Laufbahn im Alter von neun Jahren schon fast beendet. Beim Kicken mit den Kameraden brach sich der schmächtige Jüngling den Oberschenkel. »Ich war klein, ein hochaufgeschossener Gegenspieler hat mich in die Mangel genommen«, erinnert er sich. Die Fraktur war kompliziert, der behandelnde Arzt befürchtete das Schlimmste. »Der gebrochene Knochen lag so übereinander, dass Davids rechtes Bein drei Zentimeter kürzer war als das linke. Mein erster Gedanke war: Ich muss amputieren«, erzählt Dionisio Cuetos, der dann in einer dreistündigen Operation das Bein doch retten konnte. Sein Patient musste sechs Wochen im Krankenhaus bleiben und anschließend das Laufen neu erlernen. Etwas Gutes hatte dieser Unfall: In der Zeit der Reha schulte David, der das Fußballspielen nicht lassen konnte, intensiv sein gesundes linkes Bein. Heute gilt er beidfüßig als nahezu gleichstark.

Die FIFA zeigt Gnade

Nach dem Spiel gegen Honduras drohte David Villa Ungemach. Der Stürmer hatte seinem Gegenspieler Emilio Izaguirre bei einem Gerangel vor einer Ecke mit der Hand durchs Gesicht gewischt: »Das war keine Absicht. Ich wollte ihn eigentlich nur wegschubsen«, war seine etwas schwache und nicht ganz realistische Entschuldigung. Schiedsrichter Yuichi Nishimura aus Japan hatte die Backpfeife nicht erkannt. Es lag also keine Tatsachenentscheidung vor, eine nachträgliche Sperre per TV-Beweis war möglich. Die FIFA sah sich die Bilder an und ließ Gnade vor Recht ergehen. »Die Disziplinarkommission hat keinen Grund erkannt, weitere Ermittlungen aufzunehmen und ein Verfahren zu eröffnen«, sagte Pekka Odriozola, ein Sprecher des Weltverbands.

STÜRMER

Wieder ein Tor: David Villa erzielt das 1:0 gegen Paraguay.

Seine Rettungstat hielt den inzwischen pensionierten Dionisio Cuetos 2010 noch auf Trab: »Die Wochen während der WM waren turbulent. Immer, wenn David ein Tor gelang, riefen Freunde an und brüllte in den Hörer: ›Dionisio, da war er wieder, dein kleiner Junge‹.« Sein »kleiner Junge«, der auch heute noch mit einer Körpergröße von 1,75 Metern eher unscheinbar daherkommt und deswegen in seiner asturischen Heimat »El Guaje« – das Kind oder der Kleine – genannt wird, kam im zweiten Gruppenspiel der Spanier erstmals ganz groß raus. Nach der 0:1-Auftaktniederlage gegen die Schweiz war der Druck für den amtierenden Europameister bereits immens. Doch schon nach 17 Minuten setzte David Villa den Ball nach einem herrlichen Solo genau in den Winkel – »Mein schönstes und vielleicht wichtigstes Tor« – und legte später noch einen zum 2:0 Endstand nach. Auch beim 2:1 über Chile knackte er als Erster den gegnerischen Abwehrriegel und legte Iniesta den zweiten Treffer auf. Das Erreichen der nächsten Runde war trotz des Misserfolgs zu Beginn geschafft: »Es war schwierig für uns. Wir sind glücklich, dass wir im Achtelfinale stehen.«

Dort erzielte David Villa gegen Portugal ebenso das Goldene Tor wie einen Durchgang später gegen Paraguay. In den letzten beiden WM-Partien blieb der Angreifer glücklos. Wie schon zwei Jahre zuvor bei der Europameisterschaft, als er sich im Halbfinale gegen Russland sehr früh verletzte, ausgewechselt werden musste und auch im Endspiel gegen Deutschland fehlte. Dagegen konnte auch sein einstiger Retter Dionisio Cuetos nichts tun.

Die persönliche WM-Bilanz
WM-Spiele: 7
Spielminuten: 635
Tore: 5
Assists: 1
Torschüsse: 32
Schüsse auf das Tor: 17
Pässe: 244
Angekommene Pässe: 161 (66%)
Fouls: 2
Gefoult worden: 15
Gelaufene Kilometer: 62,84
Höchstgeschwindigkeit: 26,49
Man of the Match: Gegen Honduras (2:0)

Die persönliche Erfolgsbilanz
Weltmeister: 2010
Europameister: 2008
Spanischer Pokalsieger: 2008, 2004

VILLA

>> **Er steht immer goldrichtig.** <<
Villas Sturmpartner Fernando Torres

STÜRMER

Luís Fabiano und Suárez: Stürmerstars mit Hand und Fuß

Manchmal schienen sie etwas losgelöst vom Rest der Mannschaft, was Argentinien beim 0:4 gegen Deutschland auch zum Verhängnis wurde. Doch die lange berechtigt scheinenden Hoffnungen der Südamerikaner, erstmals seit 1986 wieder den WM-Titel nach Buenos Aires zu holen, ruhten in gen, stieß aber nach Lust und Laune immer wieder in die Spitze vor. Allein, was er auch tat, ein Torerfolg blieb ihm während der gesamten WM versagt. Vier direkte Assists stehen für ihn zu Buche und ungezählte gefährliche Aktionen, die Platz für die Kollegen schufen, weil sich die Gegner regelmäßig in Überzahl auf

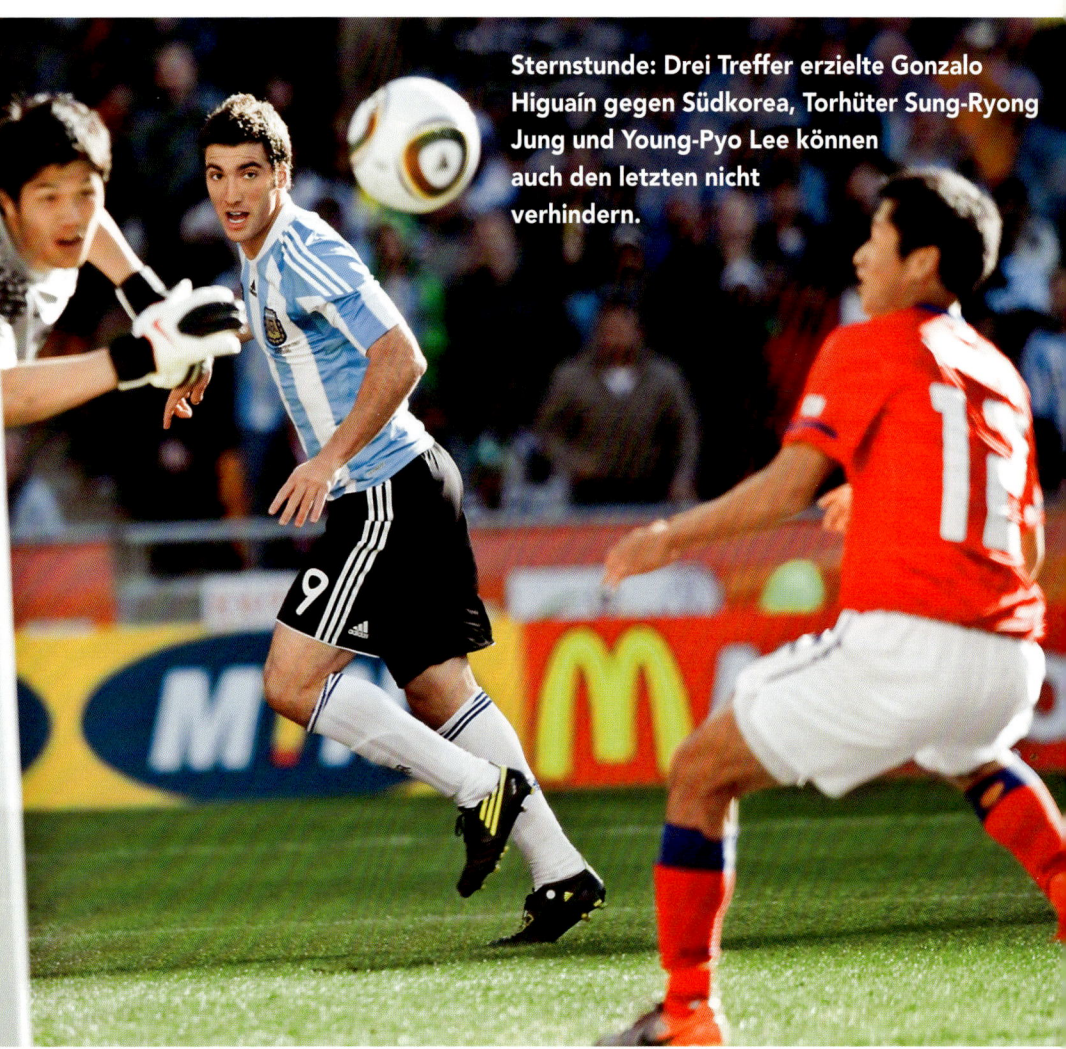

Sternstunde: Drei Treffer erzielte Gonzalo Higuaín gegen Südkorea, Torhüter Sung-Ryong Jung und Young-Pyo Lee können auch den letzten nicht verhindern.

erster Linie auf dem Offensiv-Trio Lionel Messi, Gonzalo Higuaín und Carlos Tévez.

»Alle Angriffe über Messi«, hatte Trainer Diego Maradona angeordnet, der in dem nur 1,69 Meter großen Wirbelwind eine sportliche Reinkarnation seiner selbst sah. Der Weltfußballer von 2009 spielte etwas zurückgezo-

>> **Ich freue mich sehr für Gonzalo, weil ihn die Tore befreit haben. Ich hoffe, sein Lauf hält an.** <<

Lionel Messi nach Higuaíns Dreierpack

Lionel Messi stürzten. Dies befähigte Higuaín zu seiner Sternstunde gegen Südkorea, als er beim 4:1-Erfolg gleich drei Treffer erzielte. Es war der 49. Dreierpack der WM-Geschichte. Tévez hatte seine Sternstunde beim 3:1 im Achtelfinale gegen Mexiko. Auf sein Konto gingen das 1:0 und das 3:0. Tor Nummer eins fiel jedoch aus so

Eingekesselt: Lionel Messi zwischen Beom-Seok Oh, Young-Pyo Lee, Ji-Sung Park und Jung-Woo Kim (von links).

IM BLICKFELD

klarer Abseitsposition, dass es das unmittelbare WM-Aus für Schiedsrichter Rosetti bedeutete.

Weil Kaká wegen der Nachwirkungen seiner Verletzung nicht in Form kam, war die brasilianische Offensive auf ein Duo reduziert, das es allerdings in

> » Wir hatten Riesenglück,
> dass wir nicht schon 0:3 zurücklagen. «
>
> Hollands Trainer Bert van Marwijk
> nach dem 2:1 über Brasilien

sich hatte: Robinho und Luís Fabiano. Der wieselflinke Dribbler Robinho tat sich als Torschütze in den K.-o.-Spielen hervor, setzte den Schlusspunkt beim 3:0 über Chile im Achtelfinale und machte den Anfang gegen Holland eine Runde später. Nach diesem 1:0 verfiel die »Seleção« in ihren alten Fehler: Sie zauberte sich in einen Rausch, ergötzte sich am eigenen Spiel, ohne effizient zu werden – und verlor am Ende mit 1:2. Luís Fabiano war insgesamt dreimal erfolgreich. Für großen Diskussionsstoff sorgte bei ihm wie auch bei Tévez eine Fehlentscheidung: Vor seinem 2:0 gegen die Elfenbeinküste nahm er den Ball gleich zweimal mit dem Arm

»Alle Angriffe über Messi«: Argentiniens Coach Diego Maradona.

STÜRMER

Geschummelt: Bei Luís Fabianos Tor gegen die Elfenbeinküste war die »Hand Gottes« im Spiel.

》Die ganze Slowakei ist überglücklich. Nach der Geburt meines Sohnes war das der beste Tag in meinem Leben.《
Trainer Vladimír Weiss

Róbert Vittek wirft den Weltmeister raus: Der erste Treffer des Slowaken gegen Italien mit Domenico Criscito (links) und Daniele de Rossi.

IM BLICKFELD

mit und erzählte später: »Das war so etwas wie die Hand Gottes.« Maradona lässt grüßen.

Eine Hand spielte auch die Hauptrolle in der Geschichte von Asamoah Gyan und Luis Suárez im Viertelfinale. Der Stürmer aus Uruguay, eine Runde zuvor Matchwinner mit dem 1:0 und dem 2:1 beim Sieg über Südkorea, fing gegen Ghana in der zweiten Minute der Verlängerung Mensahs Kopfball auf der Torlinie stehend mit der Hand ab. Das brachte ihn vom Platz und Gyan in den Blickpunkt, der bis dahin dreimal erfolgreich gewesen war, zweimal per Handelfmeter und dazu aus dem Spiel heraus in der Verlängerung beim 2:1 über die USA im Achtelfinale. Doch der Ghanaer setzte den fälligen Strafstoß an die Latte, anschließend flog seine Mannschaft im Elfmeterschießen aus dem Wettbewerb. Hätte Asamoah Gyan fünf Zentimeter tiefer gezielt, hätte erstmals in der Geschichte ein afrikanisches Team in einem WM-Halbfinale gestanden – Schiedsrichter Benquerenca aus Portugal pfiff die Partie nach dieser unglücklichen Aktion überhaupt nicht mehr an.

Eine ganze Nation glücklich machte Róbert Vittek mit seinen beiden Treffern beim sensationellen 3:2-Erfolg der Slowakei über Italien. »Wir haben den Weltmeister rausgeworfen. Für das ganze Land ist das überragend. Róbert hat schon drei Tore im Turnier geschossen. Wahnsinn!«, meinte sein vom 1. FC Kaiserslautern zu Schalke 04 gewechselter Kollege Erik Jendrišek. Vittek, der ehemalige Nürnberger, beendete die WM mit vier Torerfolgen und lag so gleichauf mit Thomas Müller, Miroslav Klose, Diego Forlán und Gonzalo Higuaín.

Himmelhoch jauchzend, zu Tode betrübt: Asamoah Gyan bei seinem 2:1 gegen die USA und nach dem Elfmeter-Pech gegen Uruguay.

»Jetzt ist Suárez der Held seines Landes. Weil ich verschieße. Das ist hart.«
Asamoah Gyan nach seinem Fehlschuss gegen Uruguay

Zwei Finalisten enttäuschen bitter –

VERHINDERTE STARS

und Cristiano Ronaldo auch

**Die »Équipe Tricolore« als graue Maus:
Auch Dribbelkönig Franck Ribéry blieb
während der gesamten WM blass.**

VERHINDERTE STARS

Ausgerechnet die beiden, die bei der letzten Veranstaltung bis ganz zum Schluss geblieben waren, gehörten diesmal zu den ersten, die wieder nach Hause gingen. Italien und Frankreich, die Finalteilnehmer bei der WM 2006 in Deutschland, schieden in Südafrika schon in der Vorrunde aus und mussten weit früher als geplant die Heimreise antreten. Die großen Triumphatoren des vorhergehenden Turniers wurden nach desaströsen Leistungen mit Schimpf und Schande davongejagt.

antwortung auf«, appellierte die Sportministerin und bekam Unterstützung von ihrer Kollegin Christine Lagarde, eine ehemalige Synchronschwimmerin, zuständig für das Ressort Wirtschaft: »Auch ich habe die Nationalfarben getragen, ich bin erschüttert.«

0:0 gegen Uruguay, 0:2 gegen Mexiko – schon vor der letzten Vorrundenpartie gegen Südafrika waren die Chancen des Vizeweltmeisters auf das Erreichen der nächsten Runde nur noch mathematischer Natur. Nach dem 1:2 gegen das Team des Veranstalters hieß

Der Stein des Anstoßes: Nicolas Anelka beschimpft seinen Trainer und wird nach Hause geschickt.

In Frankreich beschäftigten die Nachrichten, die aus Kapstadt und den anderen Spielorten nach Paris vordrangen, allerhöchste politische Kreise. »Das ist inakzeptabel«, befand Staatspräsident Nicolas Sarkozy und beauftragte Roselyne Bachelot damit, dem schändlichen Treiben ein Ende zu bereiten. »Wir haben von der Entrüstung der französischen Menschen Kenntnis genommen, wir rufen zu Würde und Ver-

es: Tabellenletzter mit einem mageren Pünktchen. Die »Équipe Tricolore« hatte sich der Weltöffentlichkeit in nur einer einzigen Farbe präsentiert, und diese war ein tristes Grau.

Doch mehr noch als der sportliche Offenbarungseid erschütterte die öffentliche Selbstverstümmelung ihrer einst so stolzen Nationalmannschaft die Grande Nation. Intrigen, gegenseitige Schuldzuwei-

Unbeliebter Nationaltrainer: Der Franzose Raymond Domenech.

WM. Da muss man sich doch zusammenreißen«, sagte Zinedine Zidane. Dem Nationalheiligtum der Franzosen wurde allerdings vorgeworfen, er habe sich nach dem 0:0 zum Auftakt mit Evra, Franck Ribéry, William Gallas und Thierry Henry getroffen, um dafür zu sorgen, dass die Taktik geändert und Yoann Gourcuff aus der Anfangsformation entfernt werde. Was dann auch passierte.

Nationaltrainer Domenech sah dem Treiben seiner Spieler auf dem Platz mit unbewegter, ja unbeteiligt aussehender Miene zu, verweigerte seinem Kollegen Carlos Alberto Parreira nach dem Abpfiff der letzten 90 Minuten vor laufenden Kameras den obli-

Rat- und hilflos: Thierry Henry mit Franck Ribéry (rechts).

sungen, Beleidigungen, Boykotte, wüste Spekulationen – nichts wurde ausgelassen. In der Halbzeitpause des Spiels gegen Mexiko soll Nicolas Anelka, so drang aus der Kabine an die Außenwelt, Raymond Domenech mit solch unflätigen Worten beschimpft haben, dass nur Boulevardblätter sich trauten, diese abzudrucken. Der allseits ungeliebte Trainer warf den Stürmer daraufhin aus seinem Kader.

Als Anelka im Flugzeug in die Heimat saß, solidarisierte sich die Mannschaft mit ihm. In den Augen der Spieler war ein nicht bekannt gewordener Maulwurf, der den Vorgang an die Journaille weitergegeben hatte, der wahre Schuldige. Die Fußballer boykottierten eine Trainingseinheit, Kapitän Patrice Evra geriet mit dem für die Konditionsarbeit verantwortlichen Robert Duverne handgreiflich aneinander. Daraufhin trat Delegationschef Jean-Louis Valentin zurück und flog ebenfalls nach Hause. »Ich kann diese Maßnahmen nicht nachvollziehen. Wir sind hier bei einer

VERHINDERTE STARS

Abgestürzter Weltmeister: Italiens Kapitän Fabio Cannavaro. Links Óscar Cardozo aus Paraguay.

gatorischen Handschlag, weil dieser ihn in der Vergangenheit einmal kritisiert hatte und übergab seine Amtsgeschäfte an Laurent Blanc. Der Welt- und Europameister übernahm eine leichte Aufgabe – es konnte nur noch besser werden.

Auch wenn die Italiener nicht durch Selbstzerfleischung negativ auffielen, bewegte ihr Ausscheiden ebenfalls die Politik. Als »arrogant« bezeichnete Roberto Calderoli, der Minister für »Vereinfachungen in der Gesetzgebung« im Kabinett von Silvio Berlusconi, Nationaltrainer Marcello Lippi und dessen Spieler als »verwöhnte Millionäre mit Gelatinebeinen«. Erstmals in der seit 1930 andauernden WM-Historie war die Mannschaft der Tifosi in einer Gruppenphase Letzter geworden. Dabei herrschte nach den ersten beiden, wenn auch arg schmucklosen Auftritten noch Sorglosigkeit. Zwei 1:1 gab es zu registrieren, gegen die international nicht unbedingt zu den Hochkarätern zählende Konkurrenz aus Paraguay und Neuseeland. Doch Erinnerungen wurden wach an das Jahr 1982, als sich die Squadra Azzurra mit drei Unentschieden gegen Polen, Peru und Kamerun durch die Qualifikation gemogelt und am Ende durch einen 3:1-Sieg im Finale gegen Deutschland Championat und Titel gewonnen hatte.

Die Reminiszenzen an die Vergangenheit schienen bei der finalen Aufgabe gegen die Slowakei zu einer gewissen Lethargie zu führen. Erst nach einem 0:2-Rückstand wachte der amtierende Weltmeister auf und erreichte in der 81. Minute durch Antonio di Natale den Anschluss. Doch eine der zahlreichen Schlafmützigkeiten einer vier Jahre zuvor noch wie aus Beton gegossenen Abwehr besiegelte das Aus. Der eingewechselte Kamil Kopunek konnte im Strafraum ungehindert einen Einwurf aufnehmen und den dritten Treffer erzielen. Da half auch nicht, dass Fabio Quagliarella in der Nachspielzeit noch einmal verkürzte.

Das 2:3 war das Ende einer großen Mannschaft, die ihren Zenit schon lange überschritten hatte. »Wir sind nicht erst seit gestern nicht mehr konkurrenzfähig«, analy-

> »Ich schäme mich meiner Tränen nicht. So ein Abschied tut weh. Das war der schwärzeste Tag unserer Nationalelf.«
>
> Italiens Kapitän Fabio Cannavaro

VERHINDERTE STARS

Ratlosigkeit: Cannavaros Ansprachen bleiben ohne Wirkung, auch Trainer Marcello Lippi weiß nicht mehr, wie es weitergeht.

sierte Verbandspräsident Giancarlo Abete. Die Zeichen der Zeit, wie etwa die Niederlage gegen Ägypten beim Confed Cup 2009, waren ignoriert worden. »Ich sehe dunkle Zeiten kommen«, prognostizierte Gianluigi Buffon, 2006 noch zum besten Torwart des Turniers gewählt und diesmal früh mit einem Bandscheibenvorfall ausgefallen. Eine überalterte Nationalmannschaft, marode Stadien, immer wiederkehrende Fan-Ausschreitungen, Korruptionsskandale und nachlassende sportliche Qualität in der Serie A bewegten den Keeper zu dieser düsteren Prognose. Auch der Gewinn der Champions League durch Inter Mailand lieferte kein schlagkräftiges Gegenargument, hatte doch im Endspiel gegen Bayern München kein Italiener in der Anfangsformation gestanden.

> »Tore sind wie Ketchup. Erst kommen gar keine, dann kommen ganz viele auf einmal.«
> Cristiano Ronaldo

Doch nicht nur ganze Nationen versagten in Südafrika. Auch gut dotierte und hoch dekorierte Einzelspieler blieben bei der WM weit hinter ihren Möglichkeiten zurück. Zum Beispiel Cristiano Ronaldo, der teuerste Fußballer der Welt. 94 Millionen Euro überwies Real Madrid 2009 an Manchester United, um sich die Dienste des Portugiesen zu sichern. 33 Tore in 35 Pflichtspielen amortisierten diese ungeheure

Anspruch und Wirklichkeit liegen weit auseinander: Der Brasilianer Kaká.

VERHINDERTE STARS

Summe zumindest ansatzweise. Im Nationalteam jedoch blieb der 25-Jährige lange erfolglos, mit der Hypothek von 16 Monaten ohne Länderspieltreffer reiste

Protestbewegung: Cristiano Ronaldo fällt mehr durch Gesten als durch Taten auf.

der Superstar beim Turnier an. Diese Last legte er im zweiten Gruppenspiel ab, mit dem allerdings eher unbedeutenden 6:0 gegen am Ende völlig überforderte Nordkoreaner (Endstand 7:0). Als die »Selecção das Quinas« ebenso wie ihr Kapitän im Achtelfinale gegen Spanien zum dritten Mal im Turnierverlauf ohne Torerfolg blieb, war der WM-Vierte von 2006 folgerichtig früh ausgeschieden. Cristiano Ronaldo wurde zwar in allen drei Vorrundenbegegnungen zum »Man of the

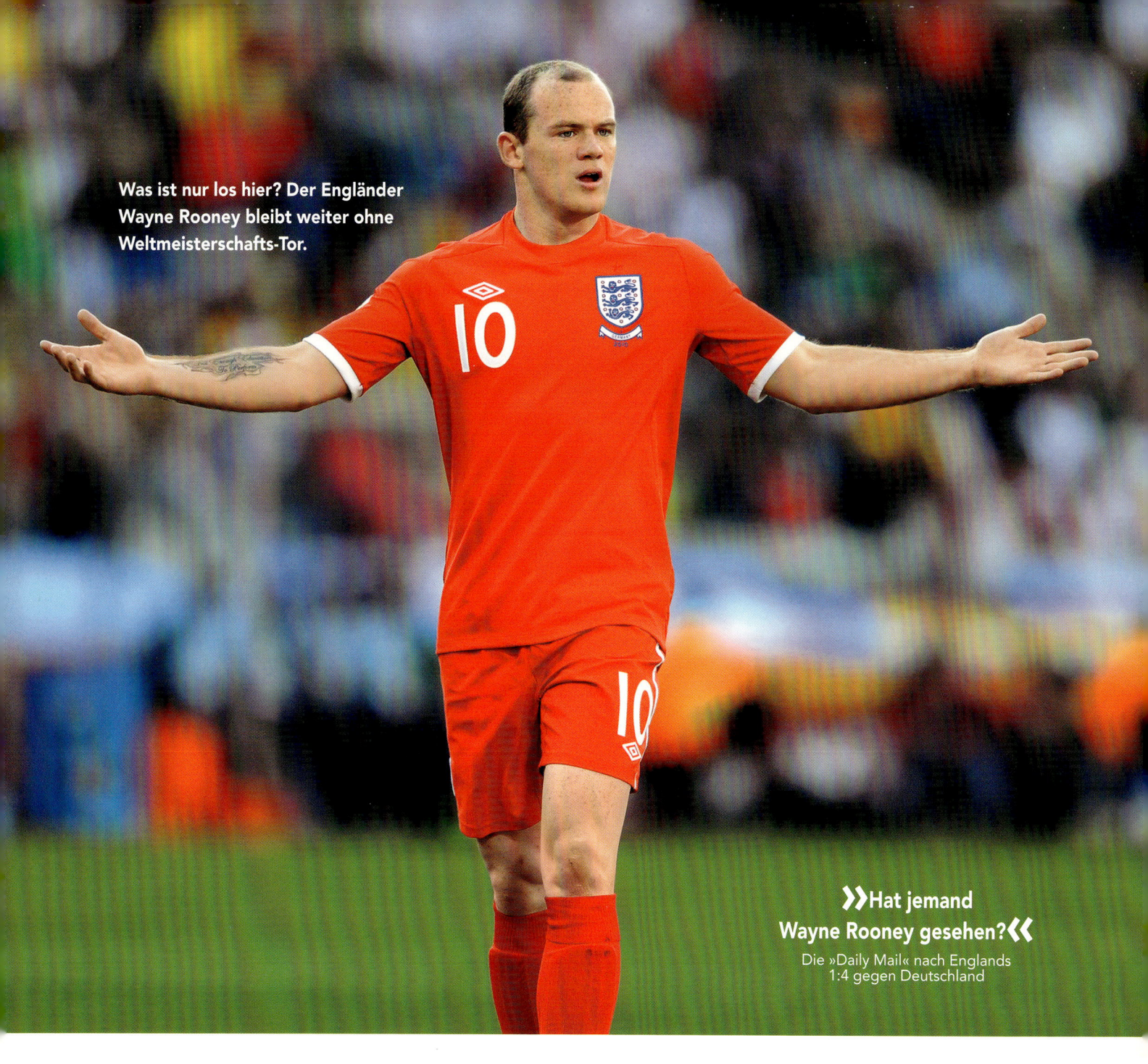

Was ist nur los hier? Der Engländer Wayne Rooney bleibt weiter ohne Weltmeisterschafts-Tor.

>> Hat jemand Wayne Rooney gesehen? <<
Die »Daily Mail« nach Englands 1:4 gegen Deutschland

Match« gewählt, die Gründe dafür werden aber zumindest bei den beiden 0:0 gegen die Elfenbeinküste und Brasilien auf immer ein Geheimnis der veranstaltenden FIFA bleiben.

Immerhin 64,5 Millionen Euro hatten die »Königlichen« aus Madrid im gleichen Jahr für Kaka vom AC Mailand bezahlt. Doch der Brasilianer blieb aufgrund permanenter Verletzungen bei Real weit hinter seinen Möglichkeiten zurück. Auch beim Weltturnier lief er, meist eher langsam, seiner Form hinterher.

Eher ins Schema Ronaldo – stark im Verein, schwach bei der WM – passte Wayne Rooney. Der bullige Angreifer, der in einer überragenden Saison 34 Treffer für Manchester United erzielte, hatte noch mit den Spätfolgen einer Knöchelverletzung zu kämpfen, die er sich in der Champions League gegen Bayern München zugezogen hatte. Wie schon 2006, als ihn die Nachwehen eines Mittelfußbruchs behinderten, trottete Rooney saft- und kraftlos über den Platz. Seine Bilanz nach zwei Weltturnieren: acht Spiele, kein Tor. Vielleicht liegt die Erfolglosigkeit aber auch ein wenig daran, dass der 24-Jährige schnell unter Lagerkoller leidet: »Herumsitzen, im Bett liegen um zwei am Nachmittag, das ist mir einfach zu langweilig.«

>> Möglicherweise hätte Kaka unter anderen Voraussetzungen nicht bei der WM gespielt. Aber er wollte unbedingt dabei sein. <<
Brasiliens Mannschaftsarzt Jose Luiz Runco.

VERHINDERTE STARS

Schmählicher Abgang: Schiedsrichter Stéphane Lannoy stellt Kaká vom Platz.

Eine Produktion des COPRESS-Teams, München

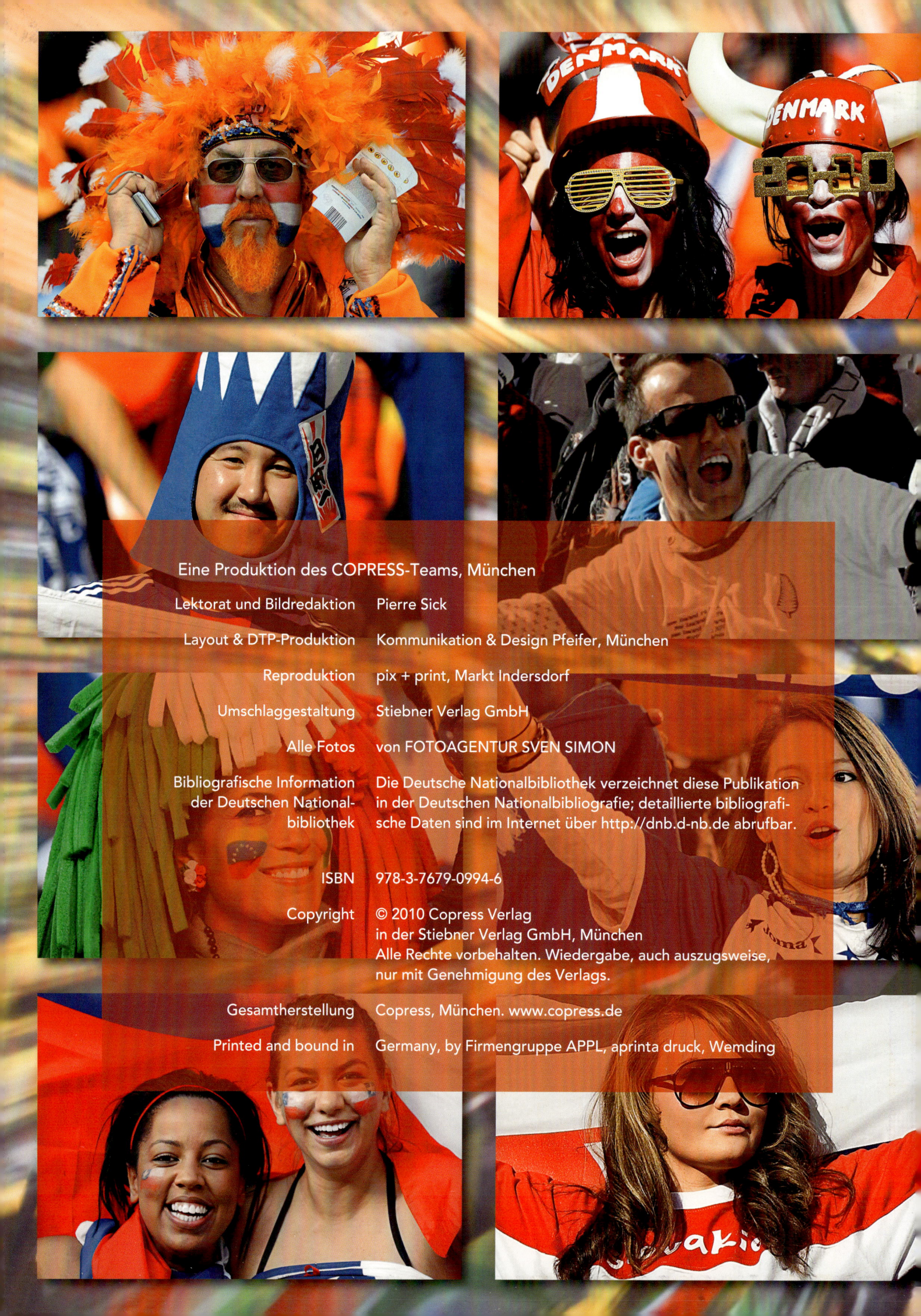

Lektorat und Bildredaktion	Pierre Sick
Layout & DTP-Produktion	Kommunikation & Design Pfeifer, München
Reproduktion	pix + print, Markt Indersdorf
Umschlaggestaltung	Stiebner Verlag GmbH
Alle Fotos	von FOTOAGENTUR SVEN SIMON
Bibliografische Information der Deutschen Nationalbibliothek	Die Deutsche Nationalbibliothek verzeichnet diese Publikation in der Deutschen Nationalbibliografie; detaillierte bibliografische Daten sind im Internet über http://dnb.d-nb.de abrufbar.
ISBN	978-3-7679-0994-6
Copyright	© 2010 Copress Verlag in der Stiebner Verlag GmbH, München Alle Rechte vorbehalten. Wiedergabe, auch auszugsweise, nur mit Genehmigung des Verlags.
Gesamtherstellung	Copress, München. www.copress.de
Printed and bound in	Germany, by Firmengruppe APPL, aprinta druck, Wemding